AF283851

Arte final multimedia y e-book

Juan Luis Perles García

Arte final multimediay e-book
© Juan Luis Perles García

1ª Edición

© IC Editorial, 2025

Editado por: IC Editorial
c/ Cueva de Viera, 2, Local 3
Centro Negocios CADI
29200 Antequera (Málaga)
Teléfono: 952 70 60 04
Fax: 952 84 55 03
Correo electrónico: iceditorial@iceditorial.com
Internet: www.iceditorial.com

Marcas comerciales. La referencia en la actual publicación
a marcas comerciales registradas se realiza preservando
los derechos del propietario del copyright, sin intención de
infringir ninguno de ellos y solo en beneficio del propietario
de estos derechos. Los datos de ejemplos, pantallas, etc.,
son ficticios a no ser que se indique lo contrario.

IC Editorial ha puesto el máximo empeño en ofrecer una
información completa y precisa. Sin embargo, no asume
ninguna responsabilidad derivada de su uso, ni tampoco la
violación de patentes ni otros derechos de terceras partes
que pudieran ocurrir. Mediante esta publicación se pretende
proporcionar unos conocimientos precisos y acreditados
sobre el tema tratado. Su venta no supone para
IC Editorial ninguna forma de asistencia legal, administrativa
ni de ningún otro tipo.

Reservados todos los derechos de publicación en cualquier
idioma.

Cualquier forma de reproducción, distribución, comunicación
pública o transformación de esta obra solo puede ser realizada
con la autorización de sus titulares, salvo excepción prevista
por la ley. Diríjase a CEDRO (Centro Español de Derechos
Reprográficos) si necesita fotocopiar o escanear algún
fragmento de esta obra (www.cedro.org).

Según el Código Penal, el contenido está protegido por la ley
vigente que establece penas de prisión y/o multas a quienes
intencionadamente reprodujeren o plagiaren, en todo o en parte,
una obra literaria, artística o científica.

ISBN: 978-84-1184-586-1
Depósito Legal: MA 186-2025

Impresión: PODiPrint
Impreso en Andalucía – España

Nota de la editorial: IC Editorial pertenece a Innovación y Cualificación S. L.

Presentación del manual

El **Certificado de Profesionalidad** es el instrumento de acreditación, en el ámbito de la Administración laboral, de las cualificaciones profesionales del Catálogo Nacional de Cualificaciones Profesionales adquiridas a través de procesos formativos o del proceso de reconocimiento de la experiencia laboral y de vías no formales de formación.

El elemento mínimo acreditable es la **Unidad de Competencia.** La suma de las acreditaciones de las unidades de competencia conforma la acreditación de la competencia general.

Una **Unidad de Competencia** se define como una agrupación de tareas productivas específica que realiza el profesional. Las diferentes unidades de competencia de un certificado de profesionalidad conforman la **Competencia General,** definiendo el conjunto de conocimientos y capacidades que permiten el ejercicio de una actividad profesional determinada.

Cada **Unidad de Competencia** lleva asociado un **Módulo Formativo,** donde se describe la formación necesaria para adquirir esa **Unidad de Competencia,** pudiendo dividirse en **Unidades Formativas.**

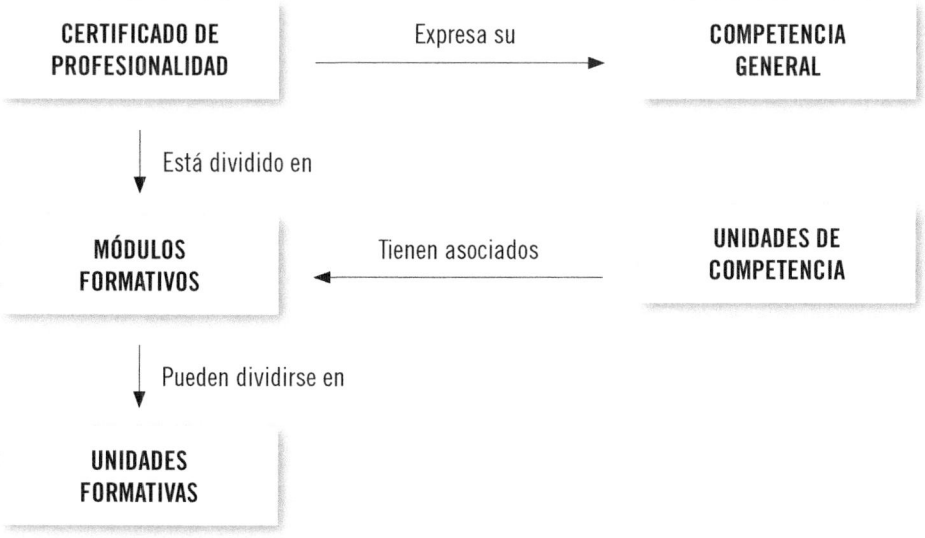

El presente manual desarrolla la Unidad Formativa **UF1463: Arte final multi-media y e-book,**

perteneciente al Módulo Formativo **MF0699_3: Preparación de artes finales,**

asociado a la unidad de competencia **UC0699_3: Preparar y verificar artes finales para su distribución,**

del Certificado de Profesionalidad **Diseño de productos gráficos.**

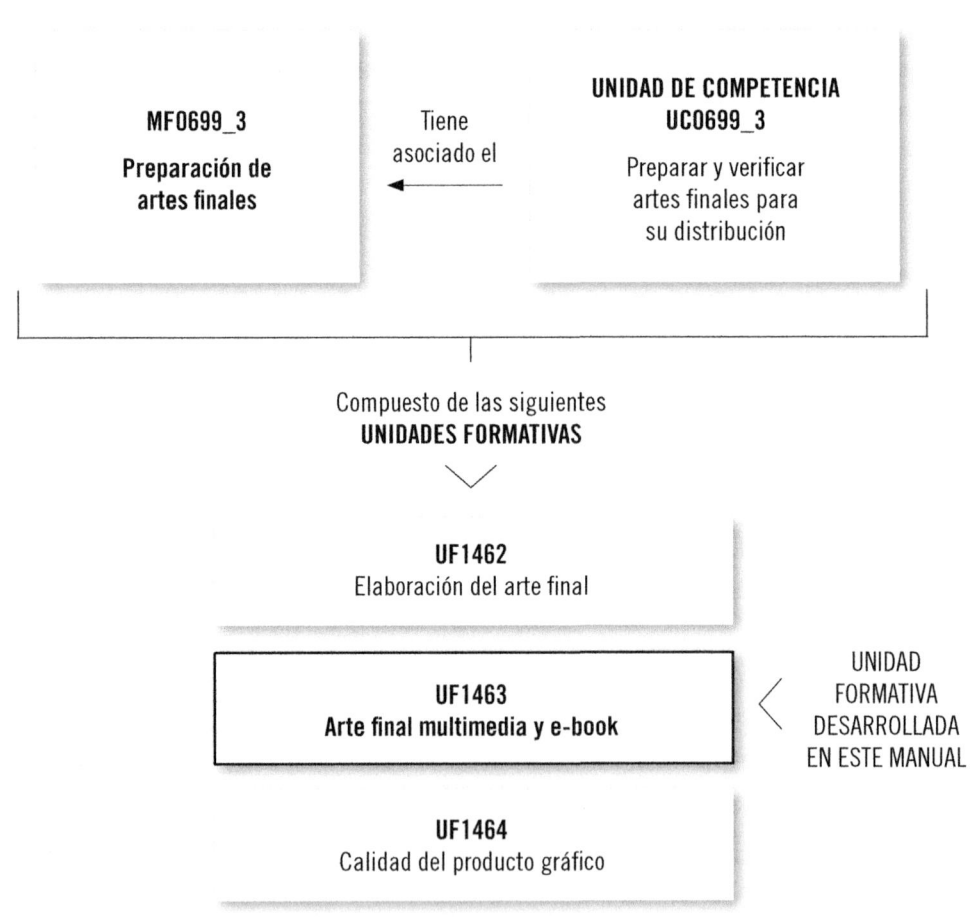

FICHA DE CERTIFICADO DE PROFESIONALIDAD

(ARGG0110) DISEÑO DE PRODUCTOS GRÁFICOS (R. D. 1520/2011, de 31 de octubre)

COMPETENCIA GENERAL: Desarrollar proyectos gráficos a partir de las especificaciones iniciales del producto; elaborando bocetos, seleccionando y adecuando color, imágenes y fuentes tipográficas; creando elementos gráficos, maquetas y artes finales; utilizando herramientas informáticas; realizando presupuestos en función de las características del proyecto y verificando la calidad del producto terminado.

Cualificación profesional de referencia		Unidades de competencia	Ocupaciones o puestos de trabajo relacionados:
ARG219_3 DISEÑO DE PRODUCTOS GRÁFICOS (R. D. 1228/2006, de 27 de octubre)	UC0696_3	Desarrollar proyectos de productos gráficos	• Diseñador gráfico • Grafista • Maquetista • Arte finalista
	UC0697_3	Tratar imágenes y crear elementos gráficos con los parámetros de gestión del color adecuados	
	UC0698_3	Componer elementos gráficos, imágenes y textos según la teoría de la arquitectura tipográfica y la maquetación	
	UC0699_3	Preparar y verificar artes finales para su distribución	

Correspondencia con el Catálogo Modular de Formación Profesional

Módulos certificado	Unidades formativas	Horas
MF0696_3: Proyecto de productos gráficos	UF1455: Preparación de proyectos de diseño gráfico	50
	UF1456: Desarrollo de bocetos de proyectos gráficos	90
MF0697_3: Edición creativa de imágenes y diseño de elementos gráficos	UF1457: Obtención de imágenes para proyectos gráficos	40
	UF1458: Retoque digital de imágenes	70
	UF1459: Creación de elementos gráficos	50
MF0698_3: Arquitectura tipográfica y maquetación	UF1460: Composición de textos en productos gráficos	90
	UF1461: Maquetación de productos editoriales	50
	UF1462: Elaboración del arte final	60
MF0699_3: Preparación de artes finales	UF1463: Arte final multimedia y e-book	30
	UF1464: Calidad del producto gráfico	30
MP0312: Módulo de prácticas profesionales no laborales		40

Índice

Capítulo 1

Creación y adaptación de artes finales para soportes digitales

Contenido

1. Introducción

Una de las últimas etapas en la creación de un producto editorial multimedia es la preparación y conversión del arte final, es decir las versiones definitivas de los distintos componentes, adaptados a un determinado soporte o formato. Es fundamental conocer las propiedades de los soportes, donde básicamente estos se dividen en soportes *on line* o web y soportes *off line,* ya que estas determinan en gran medida las características de dicho proceso.

Crear y/o adaptar los contenidos visuales y multimedia al soporte *on line* debe tener como principal objetivo conseguir el perfecto equilibrio entre la calidad visual y funcional del objeto y su "peso", que comúnmente se denomina a su tamaño en bytes. Si se revisa la evolución que estos productos han seguido desde mediados de los años 90 hasta la actualidad, se observa una notable diferencia en cuanto a la calidad de los mismos. Esto ha sido posible gracias a la mejora de las prestaciones de las herramientas de autor, el aumento en el ancho de banda de las conexiones y las tecnologías de desarrollo web, cada vez más potentes y sofisticadas.

En el caso del soporte *off line,* la adaptación se puede realizar sobre un conjunto muy amplio y distinto de formatos digitales, de ahí la dificultad, como pueden ser los discos CD-Rom, DVD, Blu-Ray, los móviles de última generación, reproductores físicos, proyectores, memorias USB y un largo etcétera.

2. Adaptación de artes finales a soportes *on line* o web

La web es el espacio más usado hoy día para la publicación de todo tipo de contenidos digitales y productos multimedia. Su capacidad de estar disponible en línea para millones de usuarios, es evidentemente mucho mayor que cualquier distribución en soporte *off line.* El gran avance que ha experimentado Internet en todos los sentidos, implica conocer las variadas tecnologías que rodean a este medio para sacar el máximo aprovechamiento de la calidad del producto.

 **Nota**

El soporte *off line* es aquel que permite publicar un producto almacenándolo en medios físicos tales como CD-ROM, DVD, Blue-Ray, HD-DVD, Memorias USB, etc. A diferencia de las aplicaciones *on line,* que usan la red como canal de comunicación bidireccional y que por tanto pueden implementar mayores medidas de seguridad y control de usuarios, las aplicaciones *off line* están más limitadas en este sentido, por el propio formato de almacenamiento.

Una publicación *on line* (en línea) es aquella que se consulta por tanto en cualquier momento a través de internet y cuyos archivos digitales se encuentran físicamente dentro de un ordenador servidor, que les provee un espacio en su disco duro para ser compartidos en la red. La transmisión de estos contenidos hacia el navegador web del usuario cliente implica un tiempo, que es proporcional al tamaño de los archivos a los que se accede.

Pero no siempre un proyecto multimedia se diseña y desarrolla pensando que Internet es su único destino. Es posible que el arte final de un producto se haya elaborado para representar con la máxima calidad la composición y el estilo visual del mismo, independientemente del soporte final en el que se vaya a publicar. Sucede también a veces, que el estilo gráfico de un producto multimedia se basa en el arte final de un trabajo (o parte de él) realizado previamente, como puede ser un cartel o el diseño de una revista.

2.1. Detalles técnicos del proceso de adaptación

En el proceso de adaptación del arte final al soporte web, el objetivo fundamental es optimizar los tamaños de los archivos multimedia, de manera que el usuario no se vea frustrado por el tiempo de espera en acceder a una determinada página. Otro de los objetivos, no menos importante que al anterior, es conservar la funcionalidad del producto y su capacidad interactiva o bien desarrollarla. En todos estos casos hay que tener en cuenta las siguientes consideraciones técnicas:

Resolución

Las imágenes usadas en los productos multimedia publicados en la web no necesitan tener más de 72 píxeles por pulgada (ppp) de resolución.

Es habitual que las imágenes empleadas en un arte final "genérico" tengan una resolución mayor, como son los 300 píxeles por pulgada, cifra habitual en los trabajos orientados a la impresión. En estos casos se debe realizar una "transformación" de manera que las imágenes no sobrepasen los 72 ppp, consiguiendo así unos tamaños de archivo menores.

Mediante el programa *Adobe Photoshop*, desde el comando "Tamaño de imagen" situado en el menú de Imagen puede realizarse esta transformación. En el caso de utilizar el programa *Gimp* que es una aplicación gratuita similar, se hace desde el menú Imagen usando los comandos "Tamaño de la impresión" o "Escalar imagen".

Modo de color de las imágenes

Si el arte final está en modo de color CMYK, es recomendable que se convierta a modo RGB pues es el modo habitual de las imágenes y elementos gráficos publicados en Internet.

Además por regla general, las imágenes en modo RGB Programas como *Adobe Photoshop* y *Gimp* permiten fácilmente pasar una imagen de un modo de color a otro, aunque pueden producirse ciertos cambios en la percepción de los colores. En *Adobe Photoshop* se hace desde el menú Imagen, submenú Modo –donde aparecen los distintos modos de color de la imagen RGB, CMYK, escala de grises, indexado, etc-. En *Gimp* se debe proceder de la misma forma.

Nota

Las imágenes en modo CMYK representan la información de los colores mediante la composición de cuatro canales o tintas independientes, como son el canal Cyan, el Magenta, el Amarillo (Y) y el negro (K). Son usadas principalmente para representar el arte final de un diseño orientado a la impresión. Sin embargo, las imágenes representadas mediante medios electrónicos como pantallas o proyectores, deben guardarse usando el modo de color RGB. Este modo representa la tonalidad de cada píxel, mediante la fusión de la información de color ofrecida por los canales Rojo, Verde (G) y Azul (B) respectivamente. Suelen ocupar menos espacio en disco puesto que tienen un canal menos de color.

Organización y distribución de los elementos

La composición visual del arte final puede ser tan libre como se desee, sin embargo en general, las páginas web presentan una estructura basada en la funcionalidad de los objetos que forman parte del contenido, en elementos exclusivos de los productos interactivos, como menús de navegación, y en la separación entre el estilo y el contenido.

Definición

Composición visual
En el ámbito de las artes visuales y el diseño, la composición visual es la ordenación de los elementos gráficos de la obra de manera que el creador es capaz de transmitir una idea o sentimiento, basándose en ciertas reglas y usando determinadas técnicas, como son aquellas centradas en el equilibrio y simetría de la composición o las que buscan todo lo contrario, para llamar la atención del espectador.

Arte final cartel

Página web

Diferencia entre la distribución libre de los elementos gráficos de un arte final (cartel de arriba) y su posterior adaptación al realizar la web incluyendo nuevos elementos como el menú de navegación. La resolución del cartel debe ser de 300 ppp en modo CMYK, sin embargo los elementos gráficos que se muestran en la web deben tener una resolución de 72 ppp en modo RGB.

Separación del estilo del contenido

Los productos multimedia publicados en la web usan el lenguaje HTML para establecer la estructura y el contenido de la página y las hojas de estilo CSS para la definición consistente de la presentación. La separación del estilo del contenido se basa por tanto en definir el aspecto de la presentación mediante un lenguaje sencillo que puede incluso redactarse en un archivo de texto plano, sin necesidad de utilizar complejos programas.

Definición

HTML

HTML son las siglas que corresponden a un lenguaje estándar desarrollado actualmente por la "World Wide Web Consortium" (W3C) basado en el SGML del cual es un subconjunto extendido. Utiliza etiquetas, que son palabras reservadas del lenguaje encerradas entre los caracteres "<" y ">" para definir el formato y las propiedades del texto, hipertexto, imágenes, sonidos, vídeos, etc. Es el lenguaje más importante de la web, pues casi todas las páginas tienen elementos de este lenguaje. Hay varias versiones, entre las que destacan la 4 y la 5 (esta última más orientada a la multimedia).

Así, en el documento CSS se guardan los distintos nombres o "selectores" que representan un conjunto de propiedades y valores de presentación, para poder ser aplicados posteriormente. Por ejemplo se pueden definir un estilo de párrafo llamado "P1", de manera que el texto que se muestre dentro de él tenga la letra "Verdana", tamaño medio y color gris.

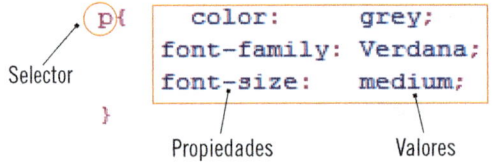

Selector · Propiedades · Valores

```
p {
    color:        grey;
    font-family:  Verdana;
    font-size:    medium;
}
```

Estilo CSS llamado "p". Este estilo tiene tres propiedades, el color, el tipo de letra ("font-family") y el tamaño de la letra ("font-size"), las cuales toman respectivamente los valores gris ("grey"), verdana ("Verdana") y tamaño medio ("médium"). El uso de llaves, y otros caracteres especiales son obligatorios.

 Definición

Hojas de estilos CSS

CSS son las siglas de "Cascade Style Sheet" que puede interpretarse como "Hojas de Estilos en Cascada". Sirven para definir la apariencia de un conjunto de elementos, como textos, vínculos, tablas o imágenes mediante el uso de un sencillo lenguaje. La idea de definir el estilo de la presentación aparece por vez primera en 1996, gracias a la publicación de la recomendación "Hojas de estilo en cascada" o CSS, por parte de la organización W3C. Aunque existe un estándar promovido por W3C sobre la interpretación de las hojas de estilo, no todos los navegadores lo hacen de la misma forma.

Usar hojas de estilo en el proceso de adaptación de un arte final a un producto multimedia *on line* ofrece las ventajas de fijar con exactitud las especificaciones del diseño y de simplificar las posibles modificaciones futuras. Pueden obtenerse los códigos de los colores originales del arte final, y posteriormente definirlos en estilos CSS.

Por ejemplo, el estilo de "color de fondo" de la web se aplica a todas las páginas por igual, de manera coherente. Posteriormente si por alguna razón es necesario cambiar dicho color, se modifica únicamente el estilo y el cambio quedará reflejado en todas las páginas que lo usen, ahorrando así el tiempo de tener que modificar todas las páginas una a una.

Tipografía

Los tipos de letras utilizadas en el arte final pueden adaptarse a fuentes tipográficas usando estilos CSS y fuentes web.

 Definición

Fuentes web

Son los tipos de letras que el navegador muestra sin necesidad de que estén instaladas en el equipo informático "cliente", pues se descargan a la vez que el resto de archivos que muestra la página. Se utilizan definiendo en el código CSS el nombre del tipo de letra, junto a la ubicación en el servidor de su archivo de fuente correspondiente.

Funcionalidad

Es conveniente saber interpretar la funcionalidad de los elementos o incluir aspectos nuevos, ya que de un correcto uso de los mismos derivará el éxito de la aplicación. En el desarrollo de un producto multimedia *on line* que pretenda ser accesible y usable, es necesario establecer los criterios funcionales de:

- Los medios principales de presentación de la información: Textos, imágenes, iconos, sonidos, animaciones, vídeos, etc.
- Los elementos secundarios o auxiliares: Controles de formularios, gráficos estadísticos, reproductores de vídeo, etc.
- Los elementos de navegación y control: Menús, botones, enlaces, etc.

 Nota

La accesibilidad es la capacidad de uso de una determinada aplicación por parte de las personas, independientemente de sus capacidades físicas, o conocimientos técnicos. Por otro lado la usabilidad se relaciona con el diseño de aplicaciones que permiten realizar una tarea de manera sencilla y eficaz.

El concepto de usabilidad, proviene del inglés "usability" o "facilidad de uso".

Flujos multimedia

Las imágenes estáticas representadas en el arte final son insuficientes a veces para transmitir una idea. Por ejemplo, es más efectivo ver un vídeo sobre las instrucciones de uso de un objeto cualquiera, que ver lo mismo en un esquema sobre papel. Las imágenes en movimiento se dividen principalmente en presentación secuencial de imágenes (conocidas como *stop motion),* animaciones 3D y vídeos.

El vídeo digital se almacena en un archivo que contiene la digitalización (datos binarios de "ceros" y "unos") de cada uno de los fotogramas que a modo de sucesión de imágenes componen el vídeo original. Una secuencia de un minuto, sin audio, reproducida a 24 fotogramas por segundo, con 8 bits de color por canal (RGB) y con una resolución de 320x240, ocupa... 320 * 240 * 8 * 3 * 24 * 60 = 2.764.800.000 bits, es decir, casi 330 Mbytes. En el caso de que la secuencia incluyese audio, también sin comprimir, el tamaño del archivo sería aproximadamente entre un 5 % y un 10 % mayor.

Afortunadamente existen métodos basados en el uso de "codecs", que sirven para reducir esta cantidad tan grande de información. Es muy importante tenerlos en cuenta, así como usar los formatos más comunes de manera que estén presentes en la mayoría de los equipos de los usuarios. Soluciones como el uso del formato FLV para insertar vídeos con sonido en un documento web, se describen en este capítulo, en temas posteriores.

 Nota

Códec es un término que proviene de las palabras "codificador-decodificador" y sirve para referirse a un sistema *software* o *hardware* que permite la reproducción y transmisión de flujos de datos multimedia, en especial audio y vídeo, y cuya principal función es reducir el tamaño de los ficheros, lo cual mejora su reproducción y el almacenaje.

Aplicación práctica

Una empresa nos encarga la realización de una página web y se pide que el diseño esté basado en el siguiente cartel (Formato A3, 300 ppp y CMYK):

Es un archivo de imagen en tamaño A3 y 300 ppp de resolución.

¿Qué hay que tener en cuenta en primer lugar, para obtener de él las líneas generales de diseño del producto *on line*?

SOLUCIÓN

Lo primero que hay que tener en cuenta es el formato de imagen que no es válido para una publicación *on line* por su tamaño, resolución y sistema de color. Desde un programa como *Adobe Photoshop* o *Gimp* habría que pasar la imagen a sistema RGB y disminuir su

Continúa en página siguiente >>

<< Viene de página anterior

resolución a 72 píxeles por pulgada. A partir de ahí, podrían obtenerse elementos gráficos individuales como el dibujo del césped, o las zonas superior y central para utilizarse como "banner". La tipografía no es una fuente estándar, que todos los usuarios tengan instalada en su ordenador, por lo que habría que usar fuentes web en el documento CSS.

 Actividades

1. Cite resumidamente las principales ventajas de usar hojas de estilo CSS en un documento web.
2. ¿Cómo se hace el cambio de resolución de un arte multimedia a formato web y porqué es necesario?

2.2. Formatos de archivo sin pérdida de calidad

Los elementos que componen el arte final no deben confundirse con la biblioteca de archivos originales. En esta, como su nombre indica, estarán los archivos originales de imagen, sonido, vídeo y textos, principalmente. Estos materiales han de estar guardados en los formatos que mayor calidad ofrezcan y en dispositivos de almacenamiento fiables y de gran capacidad. Es de suponer que el equipo de desarrollo no usará nunca estos materiales directamente en el producto multimedia que vaya a publicarse en la web, sino copias en determinados formatos.

Es cierto por otro lado, que copias de los materiales originales pueden formar parte del arte final, con o sin compresión, pero en cualquier caso cuando vayan a publicarse en la web, siempre se debe disminuir sus tamaños de archivo mediante determinados formatos, como JPG (o JPEG) en el caso de las imágenes. Los formatos más importantes que almacenan la información sin pérdida de calidad y se usan en el proceso de creación del arte final son:

Texto

El texto, como elemento básico de transmisión de la información es un caso especial. En relación al soporte *on line,* cualquier bloque de texto puede incluirse en una página web directamente, escribiendo en el documento HTML los caracteres correspondientes. Estos caracteres se insertan dentro de marcas como la etiqueta "<p>" que define el comienzo de un párrafo. A nivel interno se codifican sin comprimir, en secuencias binarias de 8 bits, que corresponden al código ASCII de cada carácter. La siguiente línea de código muestra un texto cualquiera insertado mediante la marca de párrafo "<p>" y alineado a la izquierda.

```
<p align="left">Esto es un párrafo alineado a la izquierda</p>
```

 Nota

Cuando se formatea el texto mediante un lenguaje de marcas, hay que distinguir entre el texto en sí, y las instrucciones que cambian el formato o las propiedades del texto. Las marcas, también llamadas etiquetas, son dichas instrucciones.

Por ejemplo:

<p>Esto es un ejemplo de texto <strong>marcado</strong>.</p>

El resultado sería:

Esto es un ejemplo de texto **marcado.**

<p> es la marca que define un párrafo y <strong> la marca que establece el formato de negrita. </p> y </strong> son marcas de cierre.

Una opción que no debe ser utilizada, salvo casos excepcionales es ofrecer contenidos textuales insertados a través de imágenes. Como una imagen puede representar textos, hay diseñadores que usan esta opción sin saber que tiene muchos inconvenientes.

Es una solución costosa en cuanto a posibles actualizaciones futuras y va en contra de los criterios de accesibilidad ya que si por algún motivo la imagen no puede mostrarse o el dispositivo que acceda a la web no la visualiza correctamente, se perderá dicha información. Además de esta manera no es posible recuperar el texto de una base de datos, lo cual mediante el uso de lenguajes de servidor, es una de las mejores técnicas.

Elementos de tipo "texto" incluidos en una web. No deben insertarse como imágenes que representan dichos textos.

 **Sabía que...**

Se estima que hay en el mundo unos 600 millones de personas con discapacidad, por lo que cuantos más productos, aplicaciones y páginas sean accesibles, más personas podrán utilizarlas, participando así de forma más activa en la sociedad. El diseño debe seguir unos requerimientos mínimos de accesibilidad que haga que los sitios y aplicaciones web puedan ser visitados por el mayor número de personas.

Los formatos de archivo TXT, RTF, DOC o DOCX y ODT que representan los documentos de texto guardados con procesadores como el *"bloc de notas"*, *Worpad, Microsoft Word* y *LibreOffice Writer* respectivamente, no comprimen el texto. Otros formatos como PDF si lo hacen.

Imágenes de mapas de bits

Las imágenes en mapas de bits están formadas por una composición de puntos, también llamados píxeles. Los formatos de archivo más conocidos que almacenan una imagen sin compresión son:

- **RAW.** Es el formato digital sin pérdida de datos con el que trabajan principalmente las cámaras fotográficas profesionales. Al almacenar la totalidad de los píxeles de la imagen –la imagen en bruto, como también se suele denominar- suele generar archivos muy grandes.
- **BMP.** Es un formato propiedad de *Microsoft* que aunque va cayendo en desuso, almacena la imagen sin comprimir y sin pérdida de información. Los ficheros guardados en este formato suelen tener tamaños considerables.
- **PSD.** Es el formato de imagen por defecto de *Adobe Photoshop* y debe ser siempre usado para guardar los archivos originales de diseños previos, bocetos, composiciones definitivas o incluso arte final, pues permite guardar el conjunto de capas que componen la obra.
- **XCF.** Es el formato de imagen por defecto del programa *Gimp*. Guarda como en el caso del formato PSD la información de capas y canales empleados.

Imagen vectorial

A diferencia de las imágenes formadas por píxeles, las imágenes vectoriales suelen tener un reducido tamaño de archivo independientemente de su resolución, pues estas se crean mediante el uso de funciones matemáticas. No todas pueden verse directamente en la web, solo algunos formatos como SVG –formato de archivo por defecto de la aplicación libre *Inkscape*-. Otros formatos vectoriales, que no ofrecen nunca pérdida de calidad son los tipos de archivo nativos de las aplicaciones AI *(Adobe Illustrator)*, CDR *(Corel Draw)*, DXF. *(Autodesk)* y EPS.

Sonido

El sonido digital sin pérdidas de datos presenta los siguientes formatos de archivo:

- **AIFF.** Es un formato desarrollado por Apple que permite almacenar sin compresión ni pérdida de calidad ondas de sonido estéreo.
- **WAV.** Es también un formato que permite almacenar sin compresión ni pérdida de calidad, ondas de sonido estéreo. Para almacenar proyectos de audio cada programa usa un tipo de archivo determinado.
- **FLAC.** Formato desarrollado por Xiph.Org. Es un formato de código abierto y ampliamente compatible con muchos reproductores de audio y sistemas operativos.

Vídeo

Los formatos de vídeo más populares que permiten almacenar información de vídeo y audio sin pérdida de calidad, son:

- **AVI.** Desarrollado por Microsoft, puede almacenar video sin compresión, también puede usar códecs de compresión sin pérdida o con pérdida. Es ampliamente compatible con muchos reproductores y sistemas operativos.
- **MOV.** Desarrollado por Apple, es utilizado en sistemas Mac y *software* de edición profesional como Final Cut Pro.
- **MKV.** Es un formato flexible y de código abierto que puede incluir video, audio y subtítulos en un solo archivo.

 Nota

No hay que olvidar que un pequeño fichero de vídeo sin comprimir puede alcanzar un tamaño desmesurado, lo cual va en contra de la capacidad de la propia web y de los equipos informáticos "clientes" que acceden a ella.

Animaciones

Las secuencias animadas realizadas por ordenador, como las animaciones 3D o vectoriales, pueden guardarse en el formato FLA, que es el formato propio del programa *Adobe Animate* o en otros tipos de archivo, propios de cada aplicación. Para incluir estos contenidos en la web se usan formatos como SWF o SVG, que si usan compresión y lógicamente cierta pérdida de calidad.

La adaptación de los archivos que forman parte del arte final, en cualquiera de los formatos anteriormente comentados, a tipos de archivos optimizados y válidos para su publicación en Internet, se basa en conocer los formatos más importantes y configurarlos correctamente en las opciones de conversión. Estos se muestran en el siguiente organigrama.

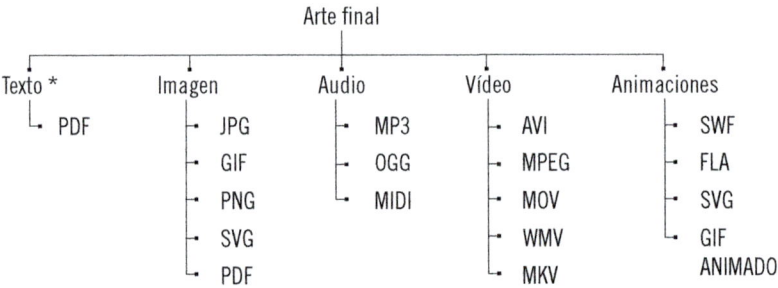

Formatos de adaptación del arte final multimedia. El "Texto" se ha marcado con "*" pues es recomendable publicarlo en formato HTML aunque también se puede hacer en PDF.

 ## Actividades

3. ¿Cuál es el mejor formato para guardar los archivos de composición de imágenes en Adobe Photoshop?
4. ¿Por qué normalmente el formato RAW genera ficheros muy grandes?

2.3. Formatos de archivos optimizados para la web

Entre los formatos optimizados para ser publicados *on line* destacan PDF para algunos textos, JPG, GIF y PNG para las imágenes, MP3 para las secuencias de audio y AVI, MPEG y SWG para vídeos y animaciones. Se explican a continuación las características más importantes de estos formatos.

PDF

PDF son las siglas que corresponden a "Formato de Documento Portable", es decir, desde julio de 2008, una especificación abierta y estandarizada bajo la Norma ISO 32000-1 para almacenar documentos digitales. Es multiplataforma, es decir, un documento puede verse de la misma manera independientemente del ordenador y del sistema operativo que se utilice.

 Nota

Esta es una de sus características más importantes y que le ha dado el grado de universalidad del que goza hoy día. Por ejemplo, alguien puede crear un documento PDF usando una estación de trabajo MAC y posteriormente, ese mismo documento ser visualizado en un equipo con el sistema Windows.

Informáticamente hablando una plataforma es una combinación de elementos físicos y lógicos, es decir *hardware* y *software,* usados para la ejecución de programas. Normalmente de manera resumida se suele describir como la combinación del sistema operativo y de la arquitectura del ordenador o dispositivo. Por ejemplo *Linux* sobre arquitectura x86-64, *Windows* sobre arquitectura x86, *Mac OS X*, o *Android* para móvil *Samsung Galaxy.*

Un archivo de este tipo puede contener principalmente elementos textuales, objetos vectoriales y mapas de bits -para representar las imágenes-, vínculos y secuencias de audio y vídeo. Permite distintos niveles de compresión, así como la definición de reglas de seguridad. Puesto que la mayoría de los navegadores actuales soportan la visualización de documentos PDF, este formato debe ser tenido en cuenta a la hora de adaptar el arte final al soporte *on line* por todas las ventajas y características comentadas.

Si se desea convertir cualquier tipo de documento a PDF hay muchas formas de hacerlo. Hace un tiempo se pusieron de moda las impresoras "virtuales" que, una vez instaladas en el equipo, permitían convertir un documento a formato PDF desde el menú de impresión.

Hoy día, sin embargo, la mayoría de las aplicaciones, como *Microsoft Office, LibreOffice, software* de *Adobe,* etc. permiten guardar el documento en formato PDF desde el menú de Archivo, bien usando el comando "Guardar como" o utilizando la función "Exportar como PDF".

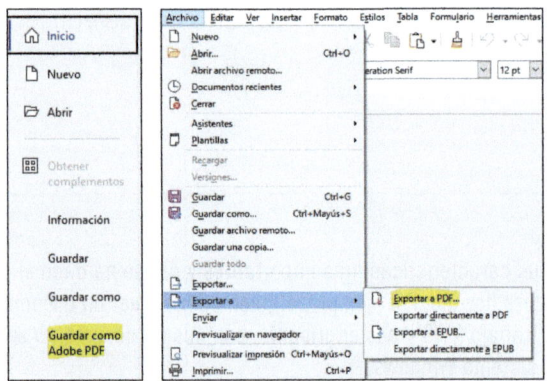

A la izquierda, forma de guardar un documento en formato PDF usando cualquier programa de Microsof Office; a la derecha, la opción similar de exportar a formato PDF usando cualquier programa de la suite LibreOffice.

Si el programa que use para editar el archivo no tiene la opción anteriormente comentada, hay muchas aplicaciones gratuitas que se encargan de hacer este trabajo, como *doPDF, PDF Creator,* incluso aplicaciones web *on line* también gratuitas como <https://www.ilovepdf.com/es> o <https://documento.online-convert.com/>.

JPG, JPEG

Es el formato de imagen que más se utiliza en internet, en las cámaras fotográficas, móviles, televisores de última generación, etc. debido a su gran capacidad para comprimir imágenes realísticas. El nivel de compresión puede establecerse, de manera que a mayor compresión, peor calidad de imagen se obtiene y viceversa.

Ventana de opciones JPEG del programa Adobe Photoshop, donde puede establecerse el nivel de calidad de la imagen, de forma que cuanto más alta es, menos compresión se le aplica y por tanto el tamaño de archivo es mayor.

 Nota

Una de las grandes ventajas de este formato es que a niveles normales de compresión suele reducirse a un 10 % el tamaño de archivo de la imagen original y la pérdida de calidad es difícilmente visible. No se recomienda su uso en aquellas imágenes con poca definición, muy pequeñas o con baja gama de colores, ya que en estos casos es más efectivo usar el formato GIF o PNG.

GIF

Es otro de los formatos de imágenes publicadas en internet más utilizados. A diferencia de JPG, GIF está indicado para imágenes pequeñas o con poca definición y colores, como fondos planos, líneas, botones o iconos. Este formato puede almacenar imágenes de hasta 256 colores distintos, donde uno de los colores puede ser definido como transparente.

Representación de los tamaños de archivo de una fotografía realística (A) donde se han realizado tres copias guardadas en formato GIF con 8 colores (B), 4 colores (C) y 2 colores (D). Se aprecia la considerable pérdida de calidad al reducir el número de colores, por lo que GIF en este caso no es la mejor opción.

Representación de los tamaños de archivos de un conjunto simple de iconos (A) donde se han realizado dos copias guardadas en formato GIF con 8 colores (B) y 4 colores (C). Se aprecia la poca pérdida de calidad al reducir el número de colores, por lo que en este caso sí es la mejor opción (© Dibujos: Flaticon, vía www.freepik.es. CC BY 3.0).

Este formato ha tenido mucho éxito debido a la compatibilidad con todos los navegadores y al hecho de poder incluir animaciones sencillas mediante ficheros de pequeño tamaño.

 **Nota**

El formato GIF ha sido ampliamente utilizado, desde los inicios de la web, para insertar elementos publicitarios como los "banners" y secuencias similares a un vídeo de baja calidad, denominadas "GIF animados". Actualmente la moda de blogs como "tumblr" ha propiciado el resurgimiento del formato del gif animado, que había decaído en los últimos años. Hay muchos programas para crear GIF animados como Gickr, MakeaGif, Gimp.

PNG

Es un interesante formato, ampliamente usado en internet, pues ofrece lo mejor de JPG y GIF. Presenta dos tipos, PNG-8 (formato de 8 bits) y PNG-24 (formato de 24 bits). Para todos aquellos trabajos donde se trasladen elementos del arte final con sombras y transparencias a una publicación *on line*, el mejor formato es PNG-24.

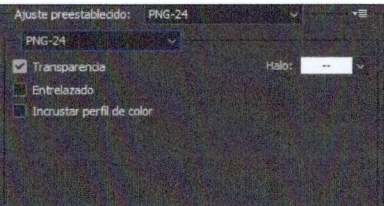

Uso de una imagen que representa un botón, con efecto de sombra. Si se guarda en formato PNG-24, la sombra y la transparencia se conservan perfectamente, y la imagen puede superponerse sobre otras (ejemplo A). Sin embargo si se guarda en formato PNG-8 la sombra se muestra con mucha peor calidad (ejemplo B).

Nota

Su sistema de compresión es gratuito y supera a GIF en compresión y en el número máximo de colores, por lo que la calidad final es aun mayor. Aunque no permite animaciones como GIF, poco a poco va sustituyendo a este en las páginas web.

SVG

Las siglas SVG corresponden a la traducción en Inglés de "Gráficos Vectoriales Escalables" y es una especificación abierta y gratuita para definir gráficos en dos dimensiones estáticos y animados, que permiten representar elementos geométricos, imágenes de mapas de bits y texto. Uno de los programas más conocidos para generar archivos SVG es *Inkscape* que además es libre.

Imagen en formato SVG que ocupa 256 Kbytes independientemente de la resolución a la que se quiera mostrar, conservando su calidad gráfica (© Ilustración: Simon Eugster, vía www.wikimedia.org CC BY 2.0).

 **Nota**

El formato SVG tiene cada vez más influencia en la web, al ser soportado por prácticamente todos los navegadores y por programas de edición gráfica. Hay cada vez más sitios que ofrecen archivos SVG bajo licencia de dominio público. Algunas de estas páginas son:

"Wikimedia Commons" (commons.wikimedia.org),

"Open Clip Art" (www.openclipart.org) y

"OpenSVG" (https://opensvg.org/).

3. Páginas web

Cuando un usuario accede a un documento o página web, el navegador que esté utilizando recibe el código HTML y la descarga en carpetas temporales del equipo local, de cada uno de los archivos multimedia que la página muestra, principalmente imágenes y secuencias animadas. El siguiente código HTML de ejemplo, representa una página web sencilla.

```
<!DOCTYPE HTML PUBLIC "-//W3C//DTD HTML 4.01 Transitional//EN""http://www.w3.org/TR/html4/
loose.dtd">

<html>
  <head>
    <title>El lenguaje HTML.</title>
  </Head>

  <body>
    <h1>Capítulo 1</h1><br>
    <img src="imagenes/imagen1.jpg" width="120" height="80"><br>
    <p align="center">
        <strong>HTML</strong> son las siglas de "Hyper Text Markup Language" es decir
"Lenguaje de Marcas de HiperTexto".
    </p>
  </body>
</html>
```

Este código de ejemplo se ha marcado con tres zonas de color distintas para resaltar la línea inicial que informa sobre el tipo de documento, la zona de cabecera ("<head>"), donde entre otras cosas se puede definir el título de la página y por último la zona del cuerpo ("<body>") donde se detalla la estructura de la página, el contenido principal y los objetos que representa.

El código, además, incluye una referencia (se ha marcado en negrita) a la imagen "imagen1.jpg", la cual se almacena en la carpeta "imagenes" del servidor y se habrá guardado siguiendo las recomendaciones de adaptación del arte final, que hacen posible convertir el fichero de imagen original con la mejor relación de calidad/tamaño para su publicación en Internet. Si en vez de utilizar la imagen "imagen1.jpg" se hubiese usado el formato BMP, "imagen1.bmp" por ejemplo, se estaría hablando de algo que no conviene hacer. En este caso, aunque la imagen se vería correctamente, el tamaño del archivo sería mucho más grande que en formato comprimido JPG.

Tan importante es determinar el formato de los elementos que componen visual y funcionalmente los prototipos y/o diseños definitivos, como montar la estructura y ensamblado de los mismos en el documento web. Para comenzar con el ensamblado de dichos elementos es fundamental obtener la distribución y la resolución de estos, en cuanto al ancho y el alto en píxeles, siendo esta una tarea rutinaria que puede realizarse mediante programas como *Adobe Photoshop*.

 Nota

Para obtener los elementos gráficos que componen la interfaz, se recomienda abrir los bocetos definitivos y sobre ellos acotar los elementos mediante guías, sectores y herramientas de selección. Se van creando áreas sobre los mismos, anotando el tamaño en ancho y alto que ocupan, y guardando separadamente el contenido de estas áreas en el formato gráfico que mejor convenga: JPG, GIF, PNG, etc.

En la siguiente foto se muestra un ejemplo de este proceso.

Divisiones realizadas sobre el boceto original, para obtener los distintos elementos y sus tamaños. La zona superior se enfoca a la presentación del producto y los enlaces de navegación, la media al contenido y otros enlaces y la inferior es un sencillo pie de página con elementos de navegación.

En la imagen anterior se observa que el diseño se puede desglosar en trece áreas funcionales (lógicamente se puede dividir en más):

1. Logotipo: Imagen GIF de 215x114 píxeles (ancho por alto).
2. Menú de navegación: Formado por cuatro vínculos que pueden implementarse mediante estilos CSS o mediante imágenes de sustitución, siendo esta la opción que se elige. 215x136 píxeles.
3. Título del sitio web: Imagen JPG de 578x32 píxeles.
4. Animación. Tiene un tamaño de 578x218 píxeles.
5. Botones de enlaces a la página de inicio, acceso registrado y buscador. Tiene un tamaño de 231x32 píxeles.
6. Zona de enlaces rápidos visualmente atrayentes. Se puede implementar como animación, mediante hipervínculos o mediante botones. Tiene un tamaño de 231x177 píxeles.
7. Zona sin funcionalidad definida, solo estética. Imagen GIF de 231x42 píxeles.

8. Mapa interactivo. Se implementa mediante un mapa de imagen en HTML o mediante superposición de capas. Tiene un tamaño 215x124 píxeles.

9. Selector de "rutas BTT en GPS". Es un elemento de formulario que despliega una lista de rutas que pueden ser seleccionadas por el usuario para la descarga del fichero "GPS" asociado a la ruta. Tiene un tamaño de 215x48 píxeles.

10. El tiempo. Es un componente externo que, conectándose a un servidor, recaba información meteorológica. Suele implementarse como código incrustado. Tiene un tamaño de 215x60 píxeles.

11. Zona principal de contenido. Alberga la sección principal de contenido de la página a la que acceda el usuario. En la imagen de ejemplo anterior se muestra el contenido de la página de "Noticias", aunque puede ser cualquier otro. Tiene un tamaño de 578x232 píxeles.

12. Zona de enlaces. Son imágenes GIF o JPG que al ser pulsadas envían al usuario a la página correspondiente. Tiene un tamaño de 231x233 píxeles.

13. Pie de página. Puede implementarse como tabla o capa y contiene hipervínculos a determinadas páginas del sitio web. Tiene un tamaño de 1024x31 píxeles.

Posteriormente, una vez separados estos elementos del boceto original, se "montan" en la página web correspondiente mediante etiquetas HTML como pueden ser las marcas "<table>" y "<div>" y uso de estilos CSS. En este ejemplo se observan en un principio tres áreas bien diferenciadas que en conjunto suman 1024 píxeles de ancho y en las que las dos primeras muestran tres zonas verticales. Así, el producto puede maquetarse con una tabla de 3 filas (etiquetas "<tr>") y 3 columnas (etiquetas "<td>").

El siguiente código y los comentarios, esboza esta técnica:

```
<table width="1024">

    <tr height="250">

        <td width="215">  <!–Áreas (1) y (2) -->  </td>

        <td width="578">  <!–Áreas (3) y (4) -->  </td>

        <td width="231">  <!–Áreas (5), (6) y (7) -->  </td>

    </tr>

    <tr>    <!–No es necesario definir la altura, pues la determinará el área (11)
    -->

        <td>  <!–Áreas (8), (9) y (10) -->  </td>

        <td>  <!–Área (11) -->  </td>

        <td>  <!–Área (12) -->  </td>

    </tr>

    <tr>

        <td colspan="3">  <!–Área (13) -->  </td>

    </tr>
</table>
```

 ## Nota

Históricamente la etiqueta "<table>" ha sido clave en la maquetación de millones de páginas web. Sin embargo, la relativa poca flexibilidad de las tablas unido a que la información contenida en tablas que están dentro de otras tablas, es difícil de "entender" por parte de algunos buscadores, ha sido motivo para que caiga en desuso en detrimento de la etiqueta "<div>". Se aconseja maquetar mediante "<div>", dividiendo la página en distintas "capas" o "bloques" y definiendo su posición, medidas y muchas otras características con hojas de estilo CSS. Esto permite separar más eficazmente la información de su estructura.

Una alternativa más eficiente a "<table>" es "<div>". Esta marca sirve para definir un bloque que sirva para mostrar un determinado contenido HTML incluidas las etiquetas "<table>" y la misma "<div>" en cualquier parte de la página o seccionar la página, con la posibilidad de recibir estilos CSS como el tamaño, la posición, el color, los bordes, la visibilidad, etc. y realizar operaciones JavaScript.

Estos bloques pueden solaparse entre sí, estar unos dentro de otros más generales y al poder ser modificados dinámicamente mediante JavaScript, se obtienen muchos de los mejores efectos HTML que hoy día se utilizan en Internet. Sin embargo, al depender de los estilos CSS y de JavaScript para aprovechar su gran potencial, su uso es más complicado para los usuarios con poca experiencia.

 Actividades

5. ¿Qué técnica puede usarse para maquetar o estructurar el contenido de una página web?
6. Explique la ventaja de usar el formato PNG-24 respecto a PNG-8.

La integración de las imágenes del arte final en el documento web se puede realizar usando la etiqueta HTML "<img>", vista anteriormente. Las imágenes insertadas de esta forma son indivisibles, por defecto no pueden tener texto encima y no se repiten en mosaico. Pueden estar en el interior de celdas, capas, y en cualquier parte del documento HTML. Su posición exacta puede ajustarse mediante estilos CSS.

Esta etiqueta se usaría para incluir en la web los elementos gráficos o áreas (1), (3), (7) y (12). Para este caso, la inserción del logotipo o área (1) se realizaría mediante el siguiente código HTML:

```
c...<td width="215"> <img href="imagenes/logo.gif border=0>  <!-Área (2) -->  </td>...
```

Otra posibilidad es usar imágenes de fondo. Sus características son similares a las anteriores salvo que pueden repetirse en mosaico y tener texto encima de ellas, u otros objetos, incluso otras imágenes.

Esto es un ejemplo de imagen de fondo insertada dentro de una celda y con texto HTML encima.
a la tabla se le ha dado:
cellpadding="35"
valign="top"
background="nota.gif"

```
<table width="200" height="217" border="0" cellpadding="30">
    <tr>

        <td valign="top" background="nota.gif">
            Esto es un ejemplo de imagen de fondo...
        </td>
    </tr>
</table>
```

Imagen llamada "nota.gif" que representa un "posit" puesta como fondo de la celda de una tabla, mediante la propiedad "background=nota.gif" y texto HTML sobre ella.

Nota

Una imagen de fondo puede repetirse horizontalmente ("x-repeat"), verticalmente ("y-repeat") o en ambos ejes ("repeat"), mediante la propiedad CSS "background-repeat". Esto posibilita maquetar una web reduciendo el tamaño de algunos archivos de imagen y por tanto el tiempo de descarga de la página.

Mediante la repetición pueden crearse elementos estéticos como fijación segura de colores, degradados de relleno o sombras, usando imágenes mínimamente pequeñas. En la siguiente imagen se muestra una tabla de tres filas donde en la fila 1 se establece como fondo una imagen repetida de 1x1 píxel de color azul oscuro. En la fila 2 se establece un degradado a través de una imagen de fondo de un píxel de ancho repetida horizontalmente.

 **Nota**

Un producto multimedia que se publique en formato de página web, debe asegurar que los colores que se usan se visualizan correctamente. Una alternativa a los códigos hexadecimales de color como "#FFFFFF" para el blanco o "#000000" para el negro, es usar imágenes GIF de 1x1 píxeles, de un determinado color. Al ser más pequeña que el objeto que la contiene, la imagen se repite indefinidamente sin variaciones, lo que garantiza la correcta visualización de ese color en un área, independientemente del dispositivo que acceda al producto.

En la tercera fila se crea un estilo de sombra al repetir horizontalmente una imagen de un píxel de ancho que representa una sombra.

Uso de repetición de tres elementos gráficos en las filas de una misma tabla

El código HTML que permite establecer la repetición de imágenes de fondo en las celdas de la tabla que muestra la anterior imagen (para simplificar no se muestra el código de los enlaces) es:

```html
<tr><td width="300" height="20" background="color.gif"></td></tr>
<tr><td height="40" background="degradado.gif" style="background-repeat:repeat-x"></td></tr>
<tr><td height="30" background="sombra.gif" style=" background-repeat:repeat-x"></td></tr>
```

Los iconos, que normalmente aparecen agrupados, no son más que imágenes similares, preferiblemente del mismo tamaño que pueden tener una funcionalidad asociada, como navegar a un determinado sitio al hacer clic sobre ellos. La mejor manera de usarlos es insertando cada icono en la celda de una tabla, por lo que si tienen el mismo tamaño, su alineación es perfecta.

Cinco iconos insertados en cada una de las celdas de una tabla, ofreciendo un estilo visual coherente.

 **Nota**

Para agregar interactividad a un icono, este debe estar entre las etiquetas "<a>" y "</a>", y en ellas pueden definirse enlaces de navegación o código JavaScript entre otras cosas. Ejemplos:

```
<a href="contacto.html" target="_blank">
   <img src="imagenes/icono1.gif" border="0">
</a>
```

Icono que al pulsar en él, el navegador abre la página "contacto.html" en una pestaña nueva.

```
<a href="#" OnClic="Javascript:...">
   <img src="imagenes/icono2.gif"
   border="0">

</a>
```

Icono que al pulsar en él, el navegador realiza una determinada acción, programada mediante Javascript.

Cualquier celda de una tabla ("<td>") tiene la propiedad "align" que permite establecer la alineación horizontal de los elementos que contenga y "valign" para la alineación vertical. De forma parecida pueden crearse menús de navegación insertando varias imágenes de sustitución en una tabla, cada una en su celda correspondiente y con los enlaces o hipervínculos asignados a los botones.

La técnica de imagen de sustitución ("Rollover image") es un recurso puramente interactivo que coloca una imagen GIF o JPG en una zona de la página y cuando el usuario pasa el ratón por encima, la imagen cambia y se muestra otra distinta llamando así la atención. Normalmente se programan mediante dos imágenes similares, de igual tamaño pero con alguna diferencia, como el color, y un determinado código Javascript asociado a ellas, que sirve la mayoría de las veces para definir la navegación.

Imagen activada — Imagen normal — Imagen activada — Imagen normal

Integración de varias imágenes de sustitución en las celdas de una tabla horizontal para crear así un menú de navegación. Puede hacerse también verticalmente, con tablas de una sola columna, como se muestra de manera simplificada a la derecha.

Recuerde

Publicar las imágenes en formato JPEG si estas son de tamaño medio o alto y de aspecto fotorealístico, con muchos colores y usar un nivel de compresión que garantice la calidad de la imagen. Publicar las imágenes en formato GIF si son pequeñas o con pocos colores, como es el caso de los botones, iconos, degradados, etc. Publicar las imágenes en formato PNG-24 si se desean añadir efectos como sombras o destellos, conservando la transparencia.

Para hacer menús de navegación más complejos se recomienda usar alguna utilidad externa, de las muchas que existen, donde el menú se pueda diseñar gráficamente, generando el código necesario para implementar su funcionalidad. Normalmente este código será una mezcla de HTML, CSS y JavaScript.

4. "Banners"

"Banner" es el nombre usado desde hace años a un tipo de elemento gráfico que se puede incluir en una página web. Suele ser una imagen en formato GIF, JPEG o PNG o una animación, habitualmente publicada en formato Gif Animado, HTML o JavaScript. Se utilizan la mayoría de las veces para resaltar mensajes publicitarios de forma que mediante un estilo gráfico normalmente llamativo o distinto del usado en el sitio, consiguen llamar la atención de los usuarios.

Distintos formatos de "banners"

Los "banners" tienen casi siempre un fin publicitario y redirigen al usuario a la página, medio o producto que publicitan cuando se pulsa sobre ellos. La relación entre las veces que una web es cargada por los usuarios y el número de "clics" que estos hacen en sus "banners" se denomina CTR ("Click Through Ratio"). Normalmente este ratio, que marca el grado de efectividad del "banner", suele ser bajo, dada la dificultad de conseguir que un usuario pulse sobre un banner. Esto es especialmente valioso en determinadas campañas y en medios o webs donde existe un alto número de visitas.

 Nota

Existen muchas aplicaciones para crear "banners". Desde *Adobe Photoshop* o *Adobe Illustrator* hasta *Adobe Animate* o *Adobe After Effects* para crear tanto *banners* estáticos como *banners* en movimiento, pasando por muchos más. Hay también aplicaciones en línea como *BannerSnack* que permite crear banners publicitarios flash interactivos y otro tipos de contenidos flash de forma rápida.

Los "banners" tienen un tamaño determinado en función de su ubicación, del mensaje que se quiera transmitir o del impacto que se desee alcanzar. Las medidas más empleadas son las de 468 píxeles de ancho y 60 de alto.

Existen, sin embargo, muchas más posibilidades, como las que se muestran en la siguiente imagen.

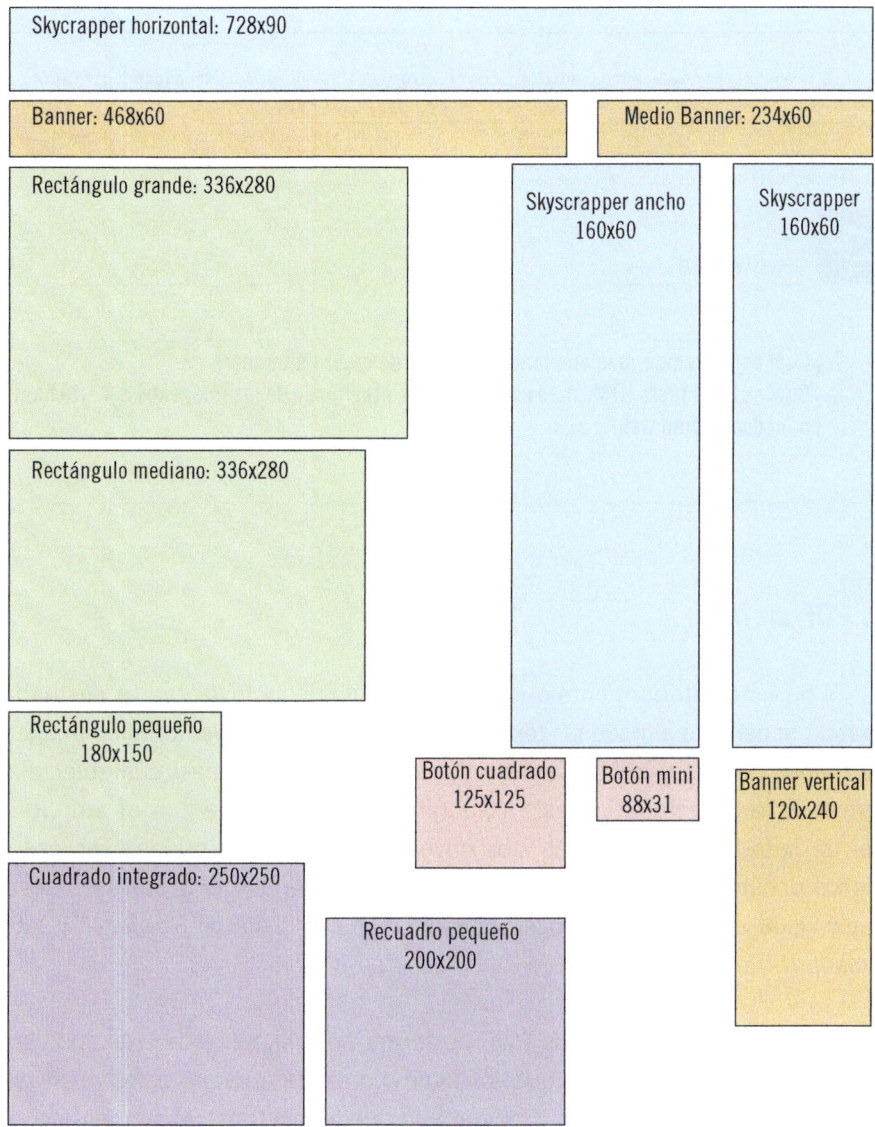

Distintos formatos de banners

La siguiente línea de código HTML muestra la inserción de un "banner" llamado "autosrapidcar.gif" sobre el que se define el vínculo a la página <http://www.autosrapidcar.com> en una ventana nueva, al hacer clic en:

```
<a href="http://www.autosrapidcar.com"> <img src="banners/autosrapidcar.gif"></a>
```

 Actividades

7. ¿Cuál es la medida más empleada a la hora de crear un banner?
8. ¿Cuál es la etiqueta HTML más usada para la integración de las imágenes del arte final en un documento web?

5. PDF *on line*

Se ha visto anteriormente que PDF es un tipo de archivo abierto y estandarizado, que permite almacenar texto, hipertexto, imágenes vectoriales, imágenes de mapas de bits y contenidos multimedia, válido para casi cualquier plataforma. Esta característica esta directamente relacionada con el amplio uso del formato PDF en Internet. Los navegadores actuales pueden representar dichos documentos en pantalla, o bien la opción de que el usuario los descargue y visualice con algún programa específico como *Adobe Reader, Foxit PDF, Smallpdf, IlovePDF,* etc.

Para publicar documentos PDF de forma *on line,* se debe ante todo subir los archivos al servidor web que los aloje y crear referencias a los mismos en el código HTML de la página. Por ejemplo puede insertarse el siguiente código para visualizar el archivo "catalogo.pdf" alojado en la carpeta "documentos" del servidor:

```
<a href="documentos/catalogo.pdf">Pulse aquí para el ver el catálogo PDF</a>
```

Sin embargo, es el navegador quien determina como se abre dicho documento, visualizándose directamente en él o por el contrario guardándose en la carpeta de descargas del equipo. Actualmente la mayoría de los navegadores modernos como *Chrome, Firefox, Edge* y *Safari* pueden abrir y mostrar archivos PDF directamente sin necesidad de *plugins* adicionales. Solo hay que proporcionar un enlace al archivo PDF, y el navegador lo abrirá en su visor integrado.

 Nota

Antes era necesario forzar que el documento PDF fuera mostrado por el navegador web del usuario, para lo que era necesario convertirlo previamente a formato SWF, el formato de las películas reproducidas mediante el *plugin Adobe Flash Player,* ahora obsoleto.

También es posible incrustar un PDF directamente en una página web usando la etiqueta <iframe> o <embed>.

```
<iframe src="ruta/al/archivo.pdf" width="100%" height="600px"></iframe>
```

```
<embed src="ruta/al/archivo.pdf" type="application/pdf" width="100%"
height="600px" />
```

Por otra parte, existen librerías JavaScript que permiten mostrar PDF en navegadores de forma más interactiva y con mayor control sobre la presentación. La más usada es PDF.js, una librería JavaScript desarrollada por Mozilla que permite renderizar archivos PDF dentro del navegador.

```
<div id="pdf-viewer"></div>
<script src="https://mozilla.github.io/pdf.js/build/pdf.js"></script>
<script>
  var url = 'ruta/al/archivo.pdf';
  var pdfjsLib = window['pdfjs-dist/build/pdf'];
  pdfjsLib.GlobalWorkerOptions.workerSrc = 'https://mozilla.github.io/
pdf.js/build/pdf.worker.js';

  pdfjsLib.getDocument(url).promise.then(function(pdf) {
    pdf.getPage(1).then(function(page) {
      var scale = 1.5;
      var viewport = page.getViewport({ scale: scale });
      var canvas = document.createElement('canvas');
      var context = canvas.getContext('2d');
      canvas.height = viewport.height;
      canvas.width = viewport.width;
      document.getElementById('pdf-viewer').appendChild(canvas);

      var renderContext = {
        canvasContext: context,
        viewport: viewport
      };
      page.render(renderContext);
    });
  });
</script>
```

Existe también la opción de usar un sitio web de terceros que permita el alojamiento y la publicación de contenidos multimedia basados en el formato PDF. Muchos de estos sitios son gratuitos, y tras el proceso de registro e identificación, los usuarios pueden subir documentos PDF y compartirlos con otros usuarios. A modo de ejemplo, algunos de estos sitios son *Calameo, Scribd,* SlideShare, *Drive (Google), PageFlip-Flap,* o *Youblisher* -estos dos últimos con efectos como el pase de página-, entre los más destacados.

6. Otros soportes

La realización de un producto multimedia parte de un trabajo de diseño previo donde se define el aspecto visual y funcional de los principales elementos que sirven para transmitir y utilizar la información: textos, imágenes, enlaces, secuencias de audio y vídeo, controles de navegación, etc.

En el caso de la publicación en la web, no todos estos elementos usan los mismos soportes o formatos y la rápida evolución de estas tecnologías hace que aparezcan otros nuevos con mejores prestaciones. Esto se da especialmente, en aquellos relacionados con el uso y transmisión de secuencias de audio y vídeo, que además suelen ser compatibles con los soportes *on line* y *off line* al mismo tiempo. Los más destacados son:

- **MP3.** Este formato se ha consolidado como el más importante a la hora de comprimir sonido digital y se usa tanto en ordenadores personales como en reproductores físicos e Internet. Su verdadero nombre es "MPEG-1 Audio Layer III" o "MPEG-2 Audio Layer III" y ofrece interesantes relaciones de compresión, de forma que a nivel medio una pista de un CD de audio convertida a MP3 tiene un tamaño de archivo 10 veces menor. Existen muchos programas para reproducir los archivos MP3 y para convertir otros formatos a este. Estos últimos, también llamados conversores de audio, permiten distintas configuraciones para conseguir la relación de calidad/tamaño de archivo que se desee.
- **MIDI.** MIDI son las siglas de "Interfaz Musical para los Instrumentos Digitales" y es un formato de archivo que almacena datos musicales como las notas de una melodía, los instrumentos que se usan, el volumen, el tiempo, etc. Aparece en el año 1982 como un protocolo que permite intercomunicar instrumentos musicales con equipos informáticos, por lo que tiene mucha importancia en los procesos de edición musical. Hay que tener en cuenta que no guarda datos muestreados de audio por lo que los tamaños de archivos son mínimos.

Nota

El formato MIDI puede ser usado tanto en ordenadores personales y *software* de edición musical, como en instrumentos y dispositivos musicales e internet (por ejemplo, como música de fondo de una página web).

Secuenciador o programa que sirve para la creación de música en formato MIDI

- **OGG.** Formato libre multimedia que sirve para codificar secuencias de audio, vídeo y otros elementos como subtítulos. Ofrece mejor relación de calidad/tamaño archivo que otros formatos como MP3, al usar algoritmos más recientes y efectivos, aunque su uso no está tan generalizado como el formato MP3.
- **AVI.** Es un formato contenedor de secuencias de audio y vídeo que deben estar intercalados –de ahí las siglas "Audio y Vídeo Intercalados". Es un tipo de archivo muy generalizado tanto en equipos informáticos, como en reproductores físicos y otros dispositivos, aunque por sí solo no comprime la información visual o auditiva. Esto debe realizarse comprimiendo la secuencia mediante los "codecs" AC3/DivX o MP3/Xvid principalmente.
- **MPEG.** Bajo estas siglas hay un amplio conjunto de formatos estandarizados por la Norma ISO 13818 para la codificación de video y audio en cualquier medio como internet, televisión digital terrestre, películas

en DVD, etc. Su nombre técnico es *Moving Pictures Experts Group 2* (MPEG-2) y supera en muchas características a su predecesor, el estándar MPEG-1, soportando además varios formatos de audio entre los que se encuentra AAC.

- **QuickTime.** Es un amplio entorno de desarrollo multimedia compatible con muchos "codecs" y formatos como AVI, MPEG, MOV, etc. *Apple* está enfocando este producto hacia el manejo de contenidos en alta calidad para internet y otros dispositivos, mediante la incorporación de nuevas técnicas como la norma H.264 que superan el estándar de DVD y DivX entre otros.

- **WMV.** El formato WMV propietario de *Microsoft* se corresponde con secuencias de audio y vídeo comprimidas y empaquetadas mediante algún contenedor como AVI. Puede usarse para transmitir flujos multimedia a través de internet, aunque uno de los objetivos de este formato es codificar en alta definición mediante los "codecs" VC-1, MPEG-2 y H.264.

- **MP4.** Es uno de los formatos de vídeo más popular y ampliamente soportado. Utiliza el códec H.264 para vídeo y AAC para audio. Tiene una alta calidad de vídeo, buena compresión, y es compatible con la mayoría de los navegadores, dispositivos móviles y plataformas de *streaming*. Se usa a menudo en plataformas de vídeo como YouTube.

 Definición

---

Streaming

Es un término relacionado con la transmisión a través de internet de datos de audio o vídeo de forma que el usuario los disfruta en tiempo real, como un flujo continuo, a la vez que estos se están descargando. Se basa principalmente, en guardar los datos en un búfer temporal del ordenador e ir reproduciéndolos con un mínimo retardo, pero de manera continua, lo cual es una experiencia de uso positiva por parte del usuario. Es una fórmula opuesta a la descarga completa de los archivos multimedia para ser escuchados o visualizados. Lógicamente esta técnica no es recomendable para aquellos equipos obsoletos y con conexiones de bajo y limitado ancho de banda.

- **WebM.** Es un formato de código abierto, soportado por la mayoría de los navegadores modernos así como por muchos reproductores de vídeo y es eficiente en la compresión. Fue diseñado específicamente para la web y optimizado para la transmisión en línea.

 Aplicación práctica

Dado el diseño de arte final para la realización de un producto multimedia *on line*, que se muestra en la siguiente imagen.

Realice la división y numeración de las principales zonas funcionales que componen el diseño, con el fin de adaptarlas a los elementos web correspondientes.

Defina cada zona y sus características más importantes, con el objetivo de implementarlas en un producto multimedia *on line.*

Continúa en página siguiente >>

<< Viene de página anterior

SOLUCIÓN

De izquierda a derecha y de arriba a abajo, las zonas son:

Las nueve áreas principales en las que se desglosa el diseño son:

1. Logotipo: imagen que se almacena en formato GIF.
2. "Banner": puede ser una imagen en formato JPG o bien, si se desea que tenga movimiento, una animación.
3. Área horizontal: se repite una imagen de fondo (degradado gris).
4. Menú navegación: puede implementarse mediante un conjunto de imágenes de sustitución alojadas cada una en celdas de una tabla.
5. "Banner": de igual manera que la zona (2) puede ser una imagen estática en formato JPG o bien una animación.
6. Contenido principal de la página: texto HTML con enlaces a otras páginas. El texto aparece formateado con estilos CSS.
7. Conjunto de iconos: imágenes GIF alineadas en celdas de una tabla.
8. Zona de noticias: al pulsar sobre el título de cada noticia, se abre el documento PDF correspondiente a la misma.
9. Zona de contacto: se usa texto HTML y una imagen GIF de fondo.

Actividades

9. ¿Qué dos aspectos generales hacen diferentes al formato OGG del formato MP3?
10. ¿A qué estan orientados, o para qué sirven los sitios web *Calameo, Scribd y SlideShare?*

7. Adaptación de artes finales a soportes *off line*

Un producto multimedia publicado en soporte *on line,* es decir, como página web, es multiplataforma, pues los usuarios desde cualquier parte del mundo pueden acceder a ella mediante un ordenador conectado a internet, independientemente del sistema operativo o arquitectura del mismo.

La web en sí misma es además un medio puramente interactivo. Los usuarios que la utilizan están acostumbrados al uso de botones, iconos, objetos de formulario, reproducción de vídeos, animaciones, barras de desplazamiento, etc. En definitiva, interacción con la información que se les presenta. Por este motivo la adaptación del arte final a este soporte debe tener en consideración dicha característica y la optimización de los archivos.

Nota

Internet tiene como desventaja que quizás no sea todavía el mejor medio para transmitir grandes cantidades de datos, como vídeos en alta definición o el hecho por otro lado de que las personas no siempre tienen acceso a una conexión.

Como alternativa al soporte *on line,* desde la aparición de las primeras aplicaciones multimedia, en los años 90, han sido muchos los dispositivos y plataformas empleados para la distribución y/o reproducción de estos productos. Sin embargo, la compatibilidad es el mayor problema: Si una empresa desarrolla un producto multimedia y lo publica para Windows en soporte DVD, no podrá ser utilizado en un ordenador con otro sistema operativo, como Linux, ni en un ordenador con lector de CD.

 Nota

El término *off-line* se usa también para nombrar a los elementos físicos del sistema informático tales como periféricos de entrada, periféricos de salida y medios de almacenamiento –CD-Rom, DVD, discos USB, tarjetas de memoria, etc.- Hay una clara evolución hacia medios cada vez más potentes y sofisticados; algunos dispositivos como el CD-Rom y el DVD, aunque todavía tienen uso, han quedado obsoletos, mientras surgen nuevas plataformas como los móviles y televisores inteligentes.

Basta este ejemplo para comprender que la mayor dificultad en el proceso de adaptación del arte final a los soportes *off line* es la gran variedad de formatos, dispositivos y características técnicas. A continuación se describen los soportes *off line* más importantes.

7.1. CD-ROM/DVD

El CD-ROM como soporte físico digital ha sido históricamente hablando, uno de los medios más empleados en la publicación de productos multimedia. Sus iniciales corresponden a *Compact Disc - Read Only Memory* o, en español, "Disco Compacto de Memoria de Solo Lectura" (abreviado como CD). Es un formato de almacenamiento de datos y música lanzado en 1985 por Sony y Philips y de enorme éxito comercial, debido principalmente a:

- Su bajo coste de producción.
- Su facilidad y comodidad de uso.
- Peso reducido, no más de 30 g.
- El disco puede acompañarse de carátulas, libretos, etc.

■ La mayoría de los ordenadores personales con reproductor de CD, pueden utilizarlo.

Sin embargo, el desarrollo tecnológico y el manejo de cada vez mayores cantidades de datos -el CD el estándar no permite almacenar más de 700 MBytes-, han hecho en los últimos años que este formato haya quedado obsoleto. Muchos dispositivos y ordenadores ya prescinden de unidades lectoras de CD a favor de puertos USB u otros medios que "heredan" las ventajas del CD-ROM y las mejoran tecnológicamente hablando, como los actuales DVD, HD-DVD y Blu-Ray.

El "Disco Versátil Digital" es un formato surgido en 1995 que amplía la capacidad del CD-ROM hasta los 4,7 GBytes en su versión más sencilla y sirve para almacenar aplicaciones multimedia más extensas, como diccionarios o enciclopedias, películas –con menús, subtítulos, varios idiomas, extras, etc.- y datos. El disco se fabrica con distintas características, como el número de caras y capas, si es regrabable o no, etc. aunque la forma de almacenar los datos en él es siempre la misma. Usa un sistema de control de errores mejor que en el caso del CD-ROM.

El uso del CD-ROM ha disminuido significativamente en los últimos años debido al avance de tecnologías más modernas y convenientes. La disponibilidad y conveniencia de los servicios de almacenamiento en la nube han reducido la necesidad de medios físicos para la distribución y almacenamiento de datos. Además, la mayoría de *software* y contenido multimedia se distribuye ahora a través de descargas digitales. No obstante, todavía se utiliza en algunos contextos específicos, como la distribución de *software* antiguo, juegos clásicos, materiales educativos y archivos empresariales.

7.2. HD-DVD, Blu-Ray y diseño exterior

HD-DVD (*High Definition Digital Versatile Disc*, o "disco versátil digital de alta definición") es un formato de almacenamiento óptico desarrollado entre otras por las empresas Toshiba, Microsoft y NEC, con capacidades de 15 hasta 32 GBytes en el caso de los discos regrabables. El resto de características son similares a las del DVD actual, con las mismas ventajas e inconvenientes que ofrece la publicación en este formato.

Blu-ray es por otro lado un formato de disco óptico, del mismo diámetro que el CD y el DVD, para almacenar datos y vídeo de alta definición. Es considerado el sucesor del DVD y gran rival del HD-DVD. Una capa de disco Blu-ray puede almacenar aproximadamente 25 GBytes o cerca de 6 horas de video de alta definición más audio, aunque esto puede duplicarse con los discos de doble capa. Tiene la gran ventaja de ser mucho más resistente a las ralladuras y por tanto al deterioro. Hasta ahora se ha usado este formato para la distribución de películas en alta calidad.

Formato	CD	DVD	HD-DVD	Blu-Ray
Capacidad	700 MB	4,7 GB 8,5 GB	15 GB 30 GB	25 GB 50 GB
Distancia entre pistas	1,6 µm	0,74 µm	0,40 µm	0,32 µm

Tabla resumen de la capacidad de almacenamiento y distancia entre pistas de los formatos de discos ópticos más conocidos

Cuando se publica una aplicación multimedia *off line* en los soportes anteriormente comentados, es habitual realizar los diseños de las carátulas, portadas, contraportadas, libros interiores, serigrafías de los discos, etc.

Nota

Estos diseños ofrecen la primera impresión visual del producto por lo que deben estar hechos de manera profesional. Pueden dar información técnica sobre la aplicación multimedia, marcas, logotipos, fotografías o datos de contacto, por ejemplo.

Los elementos de diseño dependen del formato que se utilice. Así, para CD-ROM y DVD los más conocidos son:

CD Jewel Box

Consiste en la caja estándar de material acrílico transparente –aunque puede ser de cualquier color-, que incluye el botón central interior que sujeta el disco. Generalmente incluye una portada o libro interno, la serigrafía del disco y una contraportada.

El diseño de la portada se hace sobre un archivo de 300 ppp (píxeles por pulgada) de resolución, 120 mm de alto y 121 mm de ancho. En el caso de que se pliegue como un libro, el ancho será de 242 mm. Siempre es recomendable dejar 3 mm de sangría por cada lado. La serigrafía o impresión exterior del disco se hace dentro de un área que no debe sobrepasar los 117 mm de diámetro exterior y los 18 de diámetro interior. El diseño de la contraportada se hace con la misma resolución y unas medidas algo diferentes: 118 mm de alto y 138 mm de ancho, dejando 6 mm para cada una de las dos solapas laterales.

Distintos formatos contenedores de discos multimedia (© Foto1 Koichi Akabe vía Wikimedia commons. Libre; © Foto2 Long Zheng vía Flickr. CC BY-SA 2.0; © Foto3 Chaquetadepollo vía Flickr. CC BY-SA 2.0)

Funda de cartón

Sirve como contenedor económico para el disco, ya que no usa libro interior y el material es más barato. Se diseña la portada y la contraportada únicamente usando unas medidas aproximadas de 121 mm por cada lado.

Otros formatos

Otros formatos son Digipack, que permite un diseño gráfico más completo y moderno y Super Jewel Box, que ofrece mejoras en cuanto al mecanismo de apertura y diseño general.

| Sobre cartón | CD Jewel Box | Digipack | Super Jewel Box |

Formatos "Sobre de cartón", CD Jewel Box, Digipack y Super Jewel Box, para la distribución de discos multimedia, o de cualquier otro tipo.

La adaptación del arte final a estos dispositivos debe tomar en consideración en primer lugar la capacidad de almacenamiento y transmisión de los datos. Puesto que estas características son muy superiores al soporte *on line,* las imágenes pueden guardarse en formato JPEG con bajos niveles de compresión (alta calidad de imagen). Lo mismo se puede decir de los archivos de sonido o vídeo cuyos tamaños no deben ser tan estrictamente ajustados, en especial si se habla de los formatos HD-DVD y Blu-Ray donde prima en especial la máxima calidad visual.

El HD-DVD está prácticamente obsoleto y solo tiene relevancia en contextos muy específicos como el coleccionismo. En contraste, el Blu-ray sigue siendo una tecnología importante y ampliamente utilizada en la distribución de películas, series, videojuegos y almacenamiento de datos debido a su alta capacidad y calidad.

Actividades

11. ¿Cuánta información cabe en un DVD en su versión más sencilla?
12. ¿Qué resolución suele utilizarse en las imágenes de los diseños externos como carátulas y serigrafías?

7.3. Dispositivos móviles

Se define comercialmente con el nombre *smartphone* al tipo de teléfono "inteligente" que ofrece un conjunto más amplio de funciones que un dispositivo móvil común. Entre sus características más importantes están la de disponer de un sistema operativo propio y un conjunto de aplicaciones para realizar un sinfín de tareas, que pueden ampliarse instalando otras nuevas. Se consideran por tanto hoy día, similares a los pequeños ordenadores.

Nota

Junto con la evolución de los dispositivos móviles, cada vez más complejos y con más funciones, se ha producido también el desarrollo de sus sistemas operativos. Los móviles de última generación deben ser capaces de ejecutar un sistema operativo propio, ofreciendo así una plataforma integrada con el *hardware* del terminal que ejecute eficientemente las aplicaciones. Por este motivo diseñar una aplicación multimedia para *smartphone* implica conocer bien la plataforma de destino y hoy día existen muchas posibilidades.

La principal ventaja del uso de aplicaciones multimedia en dispositivos móviles es la comodidad de poder acceder a ellas en cualquier momento y situación -el móvil va siempre "con uno mismo"-, sin la necesidad de encender un ordenador o cualquier otro dispositivo de mayor tamaño. Sin embargo el uso de aplicaciones multimedia en móviles puede presentar varios problemas:

- **Consumo de batería:** las aplicaciones multimedia, especialmente aquellas que reproducen vídeos, música o utilizan gráficos intensivos, consumen mucha energía, lo que puede reducir significativamente la duración de la batería del *smartphone.*
- **Rendimiento del dispositivo:** los dispositivos más antiguos o de gama baja pueden tener dificultades para manejar aplicaciones multimedia intensivas. Además, algunas aplicaciones multimedia muy pesadas pueden causar un calentamiento excesivo del dispositivo, afectando tanto el rendimiento como la comodidad del usuario.
- **Consumo de datos:** ver videos en *streaming* o escuchar música en línea consume una gran cantidad de datos móviles, lo que puede ser costoso para los usuarios con planes de datos limitados.
- **Compatibilidad de formatos:** no todos los formatos de video y audio son compatibles con todos los dispositivos. Los usuarios pueden encontrar que ciertos archivos no se reproducen correctamente o en absoluto en sus *smartphones.*
- **Problemas de almacenamiento:** muchos *smartphones* tienen un espacio de almacenamiento limitado, y los usuarios pueden encontrar que se quedan sin espacio rápidamente al almacenar archivos multimedia.

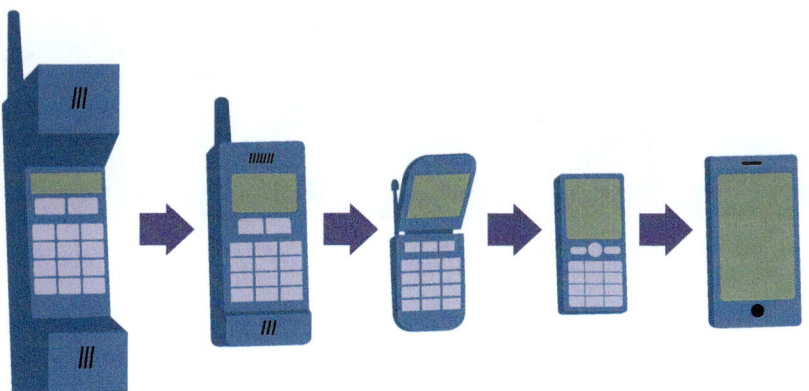

Representación de la evolución en el diseño de distintos dispositivos móviles donde se aprecia el protagonismo cada vez mayor de la pantalla.

De todos estos problemas y limitaciones se deduce que la adaptación del arte final a un formato válido para dispositivos móviles no es una tarea sencilla. Las pautas que se deben seguir en el desarrollo son:

- Qué **tecnología y lenguajes se van a usar para programar** la aplicación: El sistema abierto *Android,* uno de los más usados en el mundo, permite desarrollar aplicaciones mediante tecnologías como SDK, aunque se están publicando muchas herramientas como el entorno de desarrollo Android Studio. En este caso se trata de un completo editor gráfico que permite crear aplicaciones arrastrando componentes a la interfaz y programando sus propiedades. En cualquier momento puede evaluarse el rendimiento de la misma, compatibilidad, aspecto gráfico y otros valores en distintos dispositivos y resoluciones.

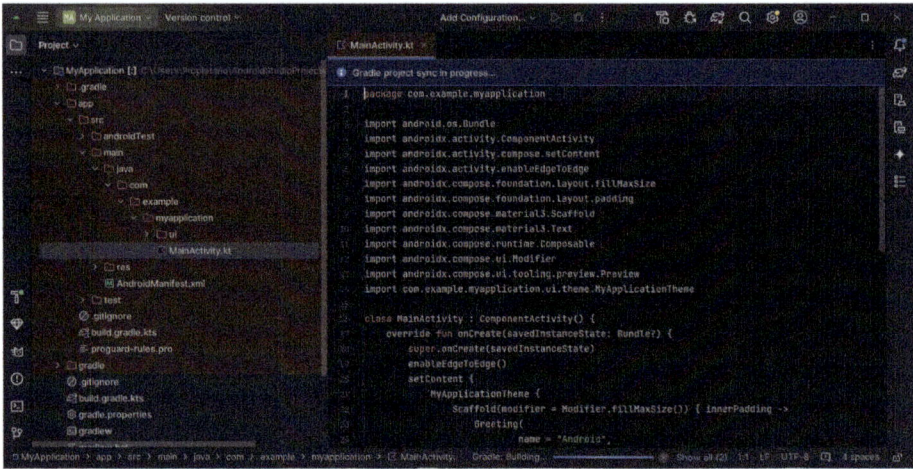

Detalle del entorno gráfico de programación Android Studio donde, entre otras cosas, se puede ver cómo se representa la aplicación en distintos terminales.

Hay otros potentes entornos de desarrollo de aplicaciones para *Smartphones* como NetBeans y Eclipse, pero, en general, dependiendo del sistema operativo del móvil, se debe usar uno u otro lenguaje. Así, por ejemplo:

iPhone OS .... Swift, Objective-C
Cross-Platform Frameworks .... Java

Flutter.. Dart
Xamarin .... C#

- El **sistema de navegación empleado** como menús de navegación, botones, zonas de hipertexto, etc.: Teniendo en cuenta que el usuario va a navegar usando una pantalla táctil, y no haciendo clic en los enlaces con el puntero del ratón, es muy importante que los iconos, botones y demás objetos de navegación sean claros, tengan el suficiente tamaño y estén bien programados. Hay que evitar el uso de efectos innecesarios, que pueden no funcionar en determinados dispositivos.
- Las **especificaciones técnicas sobre los tipos de archivos de imagen** que se van a usar así como sus niveles de compresión. Se recomienda usar los formatos JPG, GIF y PNG de la forma que se ha indicado anteriormente.
- El **nivel de "responsividad" del producto,** es decir, su grado de adaptación a distintos dispositivos independientemente de las características técnicas de estos, como la resolución de sus pantallas. Para conseguir esto se utiliza fundamentalmente un conjunto de técnicas basadas en el lenguaje HTML 5 y las hojas de estilos basadas en CSS 3.

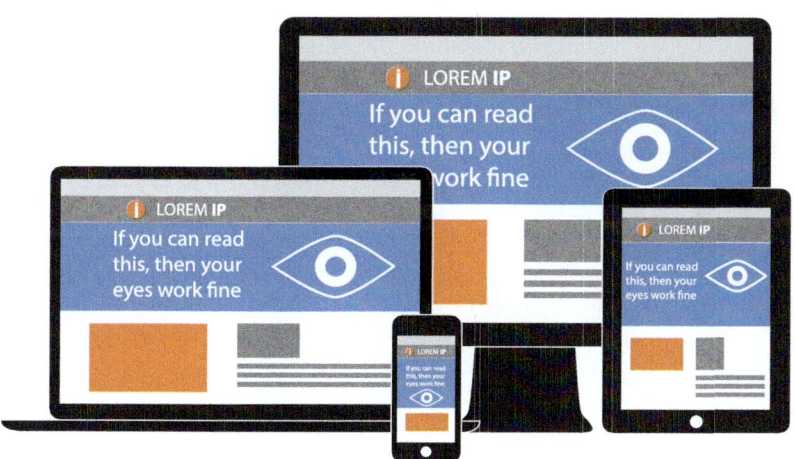

Representación de la idea de "responsividad" o diseño "responsivo" que permite la adaptación del producto a las características del dispositivo que accede a él.

■ **Reproducción de las secuencias de audio y vídeo,** reproductores utilizados en la web y "codecs": a la hora de ofrecer audio y vídeo es fundamental usar la codificación más general, de manera que puedan ser vistos por el mayor número de usuarios en todo el mundo. Actualmente no hay un sistema universal que resuelva este problema, más teniendo en cuenta que cada vez hay una diversidad mayor de dispositivos y por tanto de características técnicas, sin embargo la idea más generalizada es "embeber" las secuencias mediante el uso de nuevas etiquetas programadas en HTML 5.

Sabía que...

HTML se está continuamente actualizando bajo el modelo Living Standard, con modificaciones que aportan nuevas características y mejoras a través de especificaciones más recientes y cambios en el estándar HTML5. Una de las mejoras más importantes en cuanto a audio y vídeo, fue permitir que los navegadores admitieran formatos de audio y vídeo estándar, como MP3, AAC para audio y H.264 para vídeo, lo que mejoró la interoperabilidad.

Actividades

13. ¿Qué es J2ME?
14. Cite, al menos, dos problemas que pueden darse en el uso de aplicaciones multimedia mediante dispositivos móviles.

8. Pruebas en soportes *on line*

De las últimas tareas que deben realizarse a la hora de publicar un producto multimedia *on line,* es comprobar que se han logrado los requisitos estilísticos y funcionales definidos en el proyecto para un dispositivo específico o para un amplio número de equipos diferentes y que el código empleado es correcto.

Normalmente se usa código HTML como base y habitualmente se acompaña de otros lenguajes, como Javascript. Si el código no es correcto o tiene algún tipo de error, muy posiblemente la página web no funcione correctamente.

Aunque es posible que el producto se monte directamente en el servidor, como sucede mediante el uso de herramientas como *Joomla, Drupal* o *Wordpress,* generalmente los productos se diseñan y desarrollan en un equipo local, para posteriormente traspasar sus archivos y carpetas a Internet, mediante la copia de dicha información al servidor web por FTP.

 Definición

FTP
Estas siglas corresponden a *File Transfer Protocol* o "Protocolo de Transferencia de Ficheros". Es un sistema de comunicación que permite la transferencia de los archivos, desde el equipo local a un servidor web. Es una de las tareas más importantes en el proceso de publicación web.

Programas muy conocidos para este fin son *FileZilla* (gratuito), *WinSCP* o *Net2FTP.* También se puede usar directamente el navegador de Windows para gestionar este sistema.

El proceso de transferencia al servidor por FTP no está libre de errores, por lo que una vez publicado el producto, la primera prueba que hay que realizar es comprobar que todas las páginas o pantallas de la aplicación se visualizan correctamente y no hay pérdida de información. Los fallos más frecuentes que suceden, son el no tener bien enlazadas las referencias a los archivos del sitio en el código HTML del producto, o bien archivos que no han sido correctamente subidos o están en otras ubicaciones.

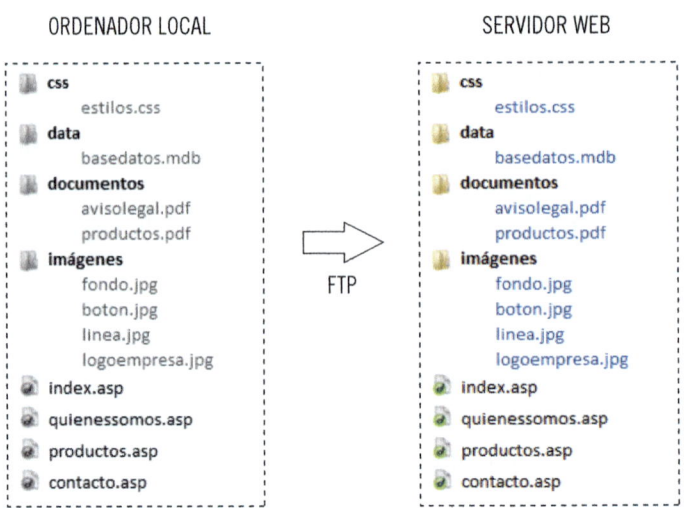

Traspaso de un producto multimedia on line desde el ordenador local al servidor web mediante FTP

Se muestran a continuación algunos ejemplos de estos errores:

```
<a href="quienesomos.html">Quiénes somos?</a><br>
```

En la página de inicio "index.html" se desea añadir un enlace a la página "quienessomos.html". El código que se utiliza es el siguiente:

El error que se da en este código se encuentra en escribir mal el nombre del fichero: "quienesomos.html" cuando debe referenciar "quienessomos.html". Al pinchar en el enlace, al usuario le aparecerá el mensaje de error: "No se ha encontrado la página" o "La página solicitada no existe".

Otro ejemplo: Se desea usar la imagen "fondo.jpg" como fondo de la página web, pero dicha imagen no está subida en el servidor. El código es:

```
<body background="imagenes/fondo.jpg">
```

Lo que ocurre en este caso es que no aparece ningún mensaje de error, simplemente la imagen no se muestra pues para el navegador "no existe". Sin embargo puede ocurrir que el código utilizado para insertar una imagen en una determinada zona de la página, haga referencia a un archivo que en realidad está guardado en otra carpeta, por ejemplo en "documentos/":

```
<img src="imagenes/logoempresa.jpg" width="50" height="150">
```

En este otro caso, el navegador web del cliente interpreta el código HTML pero no encuentra la imagen en su ubicación. Lo más probable es que muestre el icono de "fallo en la imagen" y se descuadre la página.

Otras pruebas importantes que deben hacerse una vez publicado el producto son:

- **Prueba de la calidad de las imágenes.** Las imágenes subidas se visualizan correctamente, independientemente de la resolución de los equipos que accedan a la web y el tiempo de carga de las mismas es aceptable.
- **Pruebas funcionales.** Los objetos que componen el producto funcionan de la misma manera que en su desarrollo local, conservando las especificaciones definidas en el proyecto en los navegadores web más comunes. Uno de los problemas más típicos es que una determinada función es efectiva en un navegador, pero no funciona o dar error en otro.
- **Prueba de la funcionalidad de la navegación.** Hay que probar que la navegación por las distintas páginas o pantallas del producto funciona correctamente. No hay enlaces rotos, bucles sin retorno, o partes a las cuales no es posible acceder.

  Definición: navegación. Cuando un usuario abre una aplicación multimedia, tendrá un número determinado de páginas o pantallas estructuradas de algún modo y accesibles desde la pantalla de inicio. La forma de acceder a estas pantallas se denomina navegación y es uno de los puntos principales que determinan el grado de interactividad de la aplicación.

La navegación web suele ser jerárquica, si se basa en el concepto de estructura de árbol, donde el acceso a las distintas páginas se realiza desde una inicial, también llamada "raíz", a través de la cual los caminos van bifurcándose. Esto ofrece como ventaja dar al usuario la libertad de acceder ordenadamente a un contenido muy amplio.

■ **Tiempo de carga.** Se accede a cualquier información que ofrezca el producto de manera razonable, sin esperas excesivas. Los archivos multimedia son los más delicados en este sentido por lo que es conveniente plantear el uso de técnicas como el "streaming" de audio y/o vídeo o "codecs" que mantengan la calidad de imagen disminuyendo en lo posible los tamaños de archivos.

■ **Players o reproductores.** Si la página utiliza estos elementos para la reproducción de determinados contenidos multimedia hay que comprobar que funcionan correctamente y que son compatibles con la mayoría de los sistemas y navegadores. En este sentido hay muchos que pueden usarse gratuitamente o bien usar etiquetas basadas en HTML 5 para tal fin.

■ **Legibilidad del texto.** El texto es uno de los elementos más importantes a la hora de transmitir una información, por lo que debe ser correctamente utilizado. Se recomienda probar que los estilos CSS usados para determinar la apariencia visual de los mismos es correcto.

■ **Resoluciones, sistemas operativos y navegadores.** Uno de los principales problemas en el diseño de productos publicados en la web, es sobre qué dispositivos y plataformas "clientes" se optimizan, pues estos pueden tener diversas resoluciones, distintos sistemas operativos e incluso diferentes navegadores. Se amplían estos conceptos en los siguientes apartados.

9. Resoluciones

La resolución es una característica relacionada con la claridad y la calidad de las imágenes, sin embargo se entiende desde distintos puntos de vista. Para un dispositivo como la pantalla de un ordenador o de un móvil, la resolución indica el número total de píxeles que es capaz de representar, tanto a lo ancho como a lo alto, lo cual da como resultado una relación denominada relación de aspecto: por ejemplo, 1024x768 píxeles (ancho x alto).

 Definición

---

Pixel

Cada uno de los puntos indivisibles de color que sirven para representar una imagen, o bien ser mostrados por dispositivos como la pantalla de un ordenador se denomina píxel (abreviatura de *Picture Element*). El número de píxeles que existen en una pulgada (ppp) también se nombra como resolución y es una medida de densidad directamente relacionada con la calidad de la representación de las imágenes, ya sea en una pantalla o en un papel impreso.

La resolución habitual en una pantalla de ordenador es de 72 ppp. Se recomienda 300 ppp en aquellas imágenes preparadas para impresión y en la digitalización o escaneado de documentos va desde los 72 ppp hasta más de 10.000 ppp dependiendo de la calidad que se desee obtener. Por tanto al adaptar el arte final a un producto que vaya a ser visualizado en pantallas de ordenador, deben reducirse a 72 ppp, la resolución de todas las imágenes, independientemente de que esta sea mayor.

Sin embargo, la irrupción de los *smartphones* en el acceso masivo a la información ha cambiado estos conceptos, pues estos dispositivos ofrecen un rango muy variado de resoluciones de pantalla y otros conceptos añadidos. Existen gran cantidad de combinaciones en cuanto a resoluciones y densidades de pantallas. Puesto que un teléfono móvil no puede tener una pantalla tan grande como la de un ordenador, es su calidad y su densidad de resolución lo que ha ido aumentando en los últimos años.

Así, por ejemplo, puede llegarse a los 1080 x 2400 píxeles en una pantalla de 6.5 pulgadas (405 ppp), como es el caso del terminal "Samsung Galaxy A25". La densidad de las pantallas de retina de *Apple* es de 320 ppp, lo que coincide con la medida aproximada de lo que el ojo humano es capaz de distinguir.

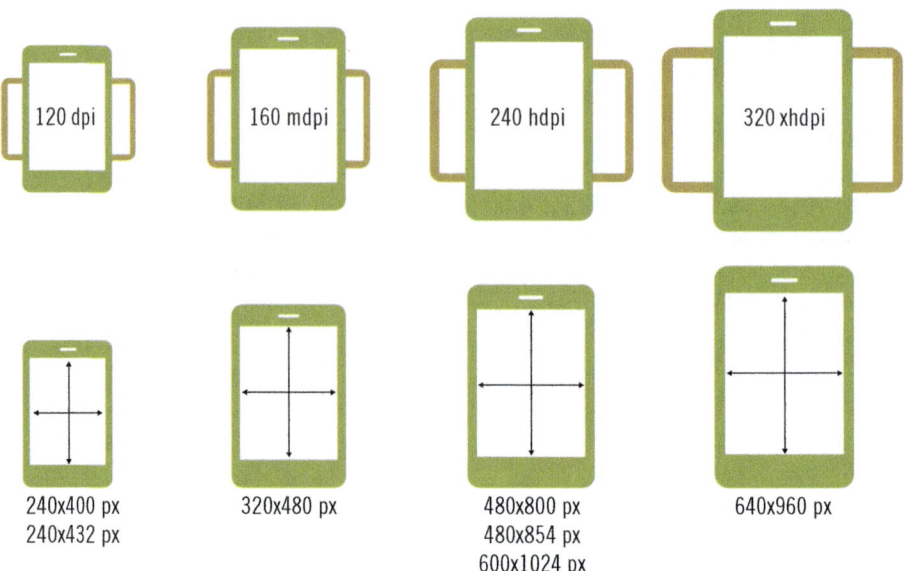

Distintas densidades y diferentes resoluciones en pantallas de dispositivos móviles

Así, en general, al diseñar una aplicación multimedia es conveniente conocer la clasificación de pantallas en función de las densidades: LDPI para pantallas que tengan menos de 120 ppp, MDPI como valor medio estándar igual o próximo a los 160 ppp. HDPI y XHDPI son pantallas que ofrecen hasta 240 ppp y 320 ppp respectivamente. En el ejemplo anterior, la pantalla del "Samsung Galaxy A25" se considera XXHDPI, incluso existen terminales con 640 ppp que se consideran XXXHDPI.

De manera práctica, esto significa que si se realiza un diseño de interfaz para un dispositivo cuya densidad es de 160 MDPI puede adaptarse fácilmente a otra densidad mediante la siguiente relación: para adaptar una imagen a un dispositivo de densidad 120 LDPI hay que reducir su tamaño a un 75 %. Si, por el contrario, se desea adaptar una imagen a un dispositivo de densidad 240 HDPI, hay que aumentar su tamaño un 150 % y un 200 % en el caso de que el dispositivo tenga una densidad 320 XHDPI. Desde el programa *Adobe Photoshop* puede realizarse esta tarea.

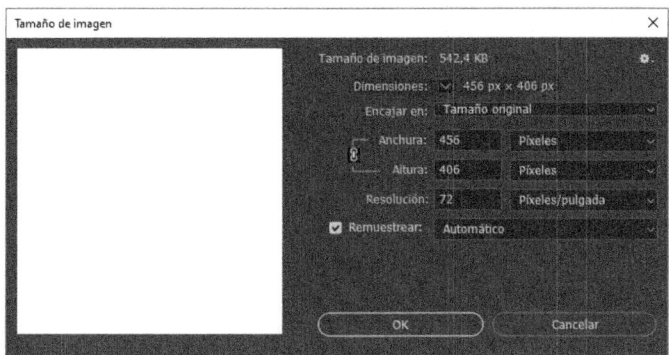

Representación de la ventana de "Tamaño de imagen" del programa Adobe Photoshop, desde la cual puede modificarse el tamaño de una imagen con el objetivo de adaptarla a una resolución o densidad distintas.

En el caso de querer utilizar un programa gratuito, una de las mejores opciones es *Gimp*. Desde su menú de Imagen pueden usarse los comandos "Tamaño de la impresión" y "Escalar imagen" para el mismo propósito.

Es fácil imaginar la dificultad que supone probar el producto multimedia sobre un número tan amplio de resoluciones y densidades. Afortunadamente cada vez son más los diseñadores que afrontan este problema, por lo que surgen soluciones como la maquetación responsiva del producto, mediante HTML 5 y CSS 3, sobre lo cual hay ya abundante documentación de ayuda.

Existen herramientas *on line* como la web "DPI Love" ("http://dpi.lv/") que ofrece tablas con las configuraciones más habituales en dispositivos *iPhone*, *Samsung*, *Nokia,* tabletas y una larga lista de modelos *Android* o de otros sistemas. También cada vez hay más programas y sitios web que simulan una determinada página o aplicación multimedia sobre un dispositivo concreto, como *Screenfly, W3C Mobile OK Checker, iPadPeek, Responsinator, Delta,* etc.

Nota

Actualmente están surgiendo entornos de desarrollo denominados "Frameworks" que para facilitar y agilizar los procesos de diseño web, ofrecen conjuntos de componentes reutilizables, bibliotecas y plantillas. Hay algunos especializados en el diseño web responsivo como:

Foundation
https://get.foundation/

Skeleton
http://www.getskeleton.com

Bootstrap
https://getbootstrap.com/

10. Sistemas operativos

La combinación del sistema operativo y de una determinada arquitectura de computadora o dispositivo influye en el uso de cualquier aplicación, si bien es cierto que la web es el medio multiplataforma por excelencia. Así, un producto multimedia *on-line* normalmente puede ser utilizado en cualquier plataforma, por ejemplo en *Linux* sobre arquitectura x86-64, en *Windows* sobre arquitectura x86, en *MacOS X*, o en *Android* para móvil *Samsung Galaxy*. Sin embargo, debido a la ocurrencia de determinadas circunstancias técnicas, se recomienda optimizar el sitio web en función de los sistemas operativos que tengan mayor cuota de mercado.

Windows	MacOS	Chrome OS	Linux	Otros
69 %	19 %	3 %	3 %	0

Porcentaje de uso de los principales sistemas operativos del mercado del año 2023

La necesidad de ofrecer secuencias de vídeo con una calidad de imagen cada vez mayor, hace que continuamente aparezcan formatos de vídeo (también de audio) con mejores prestaciones. Por este motivo, los factores que permiten un correcto uso de la aplicación multimedia, independientemente del sistema operativo utilizado, suelen estar relacionados con la capacidad de este para reproducir las secuencias de audio y de vídeo.

Como ya se ha comentado anteriormente, los contenidos ofrecidos mediante secuencias de audio y vídeo se codifican para reducir su tamaño y por consiguiente facilitar su reproducción a través de internet.

Nota

La principal función de un códec es reducir el tamaño de los ficheros, lo cual mejora su reproducción y el almacenaje. La mayoría de las veces esto provoca pérdida de información y por tanto de calidad. Los "codecs" se usan frecuentemente en la reproducción de archivos multimedia en Internet, videoconferencias y transmisiones en medios de radio y televisión. Los usuarios que acceden a un sitio web pueden tener problemas para reproducir un determinado archivo, si el sistema operativo no tiene instalado los "codecs" necesarios.

Nota

El uso de "codecs" en las secuencias publicadas en páginas web, presenta dos líneas claramente diferenciadas: El estándar H.264 promovido por *Apple* y *Microsoft* y el formato libre WebM impulsado por *Google*. Es recomendable analizar las características de estos formatos para usar el que mejor se adapte a las necesidades del proyecto, aunque muy probablemente en un futuro cercano exista un solo estándar.

La evolución del propio HTML hacia la versión 5, que incorpora soporte integrado a la reproducción, mediante nuevas etiquetas como <audio> y <video> es otra de las soluciones, especialmente en el acceso desde dispositivos móviles.

Sistemas operativos Smartphone Año 2023

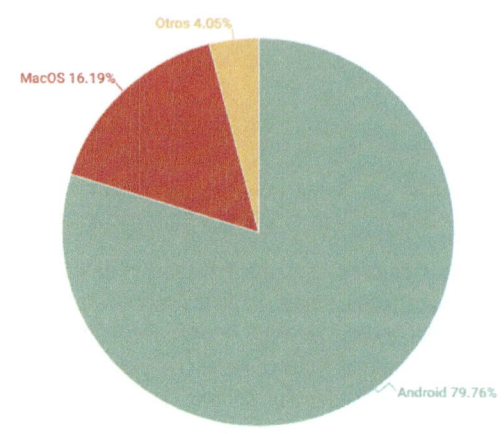

Otros 4.05%

MacOS 16.19%

Android 79.76%

Fuente:CNMC

Gráfico estadístico que refleja el uso de los principales sistemas operativos de smartphones en el año 2023

Uno de los grandes problemas de compatibilidad está a la hora de utilizar un producto multimedia almacenado en soporte digital, en distintos sistemas operativos. La situación más frecuente es que la aplicación multimedia se crea y optimiza para un determinado sistema y no es compatible con otros. Si se utiliza por ejemplo el *software* de autor *Adobe Animate,* una vez que el proyecto está terminado se realiza la publicación del producto, donde se especifica el archivo ejecutable principal que sirve para iniciar la aplicación, dependiendo del sistema operativo al que va a estar dirigido.

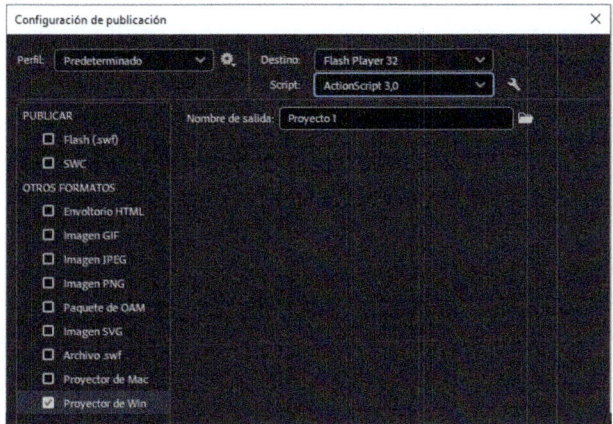

Opciones de publicación de una aplicación multimedia realizada con el programa Adobe Animate. Se ha marcado el tipo "Proyector Windows (.exe)" que corresponde al formato ejecutable bajo plataforma Windows.

 Nota

La gran ventaja de publicar en formato de aplicación ejecutable *(Proyector Windows)* es que permite usar el producto editorial multimedia en un ordenador donde no es necesario que esté la aplicación *Adobe Animate* instalada. Este formato no es válido para Internet pues no puede insertarse información ejecutable, que son "ceros" y "unos" en un documento *HTML*. En todo caso un vínculo a dicho archivo para ser descargado.

La mayor dificultad es por tanto, que un producto publicado en formato de CD-Rom para *Windows,* no funcionará en un equipo MacOS o en un ordenador Linux y tampoco lo contrario. Así pues, el equipo de desarrollo tendrá que decidir el soporte digital en el que se va a almacenar la aplicación multimedia y para qué plataforma va a estar optimizada (sistema operativo y características técnicas del *hardware* informático).

Muchas empresas lógicamente lanzan distintas versiones, adaptadas a cada plataforma y que son incompatibles entre sí. Como se puede imaginar, las combinaciones en este sentido son casi ilimitadas, mientras que si el producto multimedia se publica en formato *on line* se garantiza la compatibilidad con la mayoría de los sistemas, salvo los temas más específicos de determinados formatos de archivo y la reproducción de flujos multimedia, -audio y vídeo-.

Actividades

15. ¿Para qué sirve la herramienta *on line* DPI LOVE?
16. ¿Qué ventaja crees que tendrá elegir el formato Envoltorio HTML para una publicación *Adobe Animate?* ¿Para qué sirve?

11. Navegadores

El navegador es un elemento fundamental pues muestra a los usuarios la interpretación del código de las páginas web que visitan. Sin embargo no todos los navegadores lo hacen de la misma forma, por lo que otra de las pruebas más comunes al adaptar el arte final a un producto multimedia *on line,* es comprobar la correcta visualización y funcionalidad del mismo en los distintos navegadores, o al menos en los que ocupan la mayor cuota de mercado.

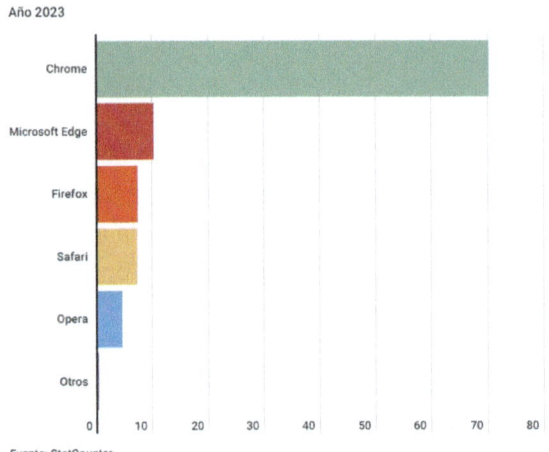

Gráfico estadístico que refleja el porcentaje de uso de los principales navegadores en el año 2023

Los lenguajes HTML y CSS evolucionan con el paso del tiempo, por lo que las etiquetas más nuevas no siempre son interpretadas correctamente por todos los navegadores y estos a su vez, se actualizan o añaden extensiones para conseguir una mejor funcionalidad. Para los diseñadores es un reto diseñar páginas visualmente atrayentes y maximizar la compatibilidad, al mismo tiempo.

Es necesario probar el producto multimedia *on line* sobre el mayor número de navegadores, incluyendo también aquellos instalados en dispositivos móviles. <http://quirktools.com/screenfly> ofrece muchas opciones para ver cualquier web en distintos navegadores, resoluciones, móviles, etc. En el mercado cada vez más amplio de los *smartphones* donde aumenta considerablemente el número de personas que acceden a la web a través de ellos, los porcentajes de uso de sus navegadores son:

    Chrome .... 75,54 %
    Safari .... 17,8 %
    Samsung Navegador .... 4,9 %
    Firefox .... 0,56 %
    Opera .... 0,49 %

Hay herramientas que sirven para analizar el uso de un producto web por parte de los usuarios, con qué navegadores acceden a él y cómo se representa la información (anteriormente se ha explicado los programas que sirven para comprobar como se visualiza una web en distintos dispositivos móviles). Una de las más destacadas es *Google Analytics* que permite obtener numerosas estadísticas, entre ellas conocer los navegadores que acceden al sitio web.

La forma de asegurar que el sitio web mantiene la apariencia visual y funcional en todos los navegadores, es codificándolo mediante HTML y CSS válidos. *W3 Consortium* ofrece validadores como <http://validator.w3.org/> que comprueban gratuitamente si el código HTML y CSS de una determinada página cumple respecto a los estándares W3C. *HTML Tidy* es otra herramienta útil, en este caso encargada de limpiar el código HTML erróneo. El hacer un sitio web conforme a la norma W3C, mejora sustancialmente su accesibilidad y usabilidad.

 **Definición**

W3C

Liderado por Tim Berners-Lee, director y creador de la "World Wide Web" y por Jean-François Abramatic, como Presidente, el W3C -siglas traducidas como "Consorcio para la World Wide Web"- se fundó en octubre de 1994 para guiar a la WWW hacia su mejor desarrollo funcional y operacional. El W3C está integrado por distintas empresas, entidades y organizaciones, sin ánimo de lucro, que cooperan a nivel internacional en el desarrollo de las especificaciones técnicas, formatos y aplicaciones relacionadas con la WWW.

La compatibilidad de un producto web con los distintos navegadores se complica también con el uso de las tecnologías Flash, Java y Javascript. Ahora ya no siempre están habilitadas en los sistemas y navegadores de los usuarios, por lo que deben usarse con cierto cuidado. Ofrecen una gran capacidad para mejorar notablemente la calidad visual y funcional de la web, pero por el contrario disminuyen las opciones de compatibilidad.

Por último, para los usuarios uno de los factores fundamentales a la hora de elegir un navegador es la velocidad. Sin duda, el navegador más rápido es *Chrome* gracias a su motor JavaScript V8, aunque su principal desventaja es el consumo elevado de RAM. *Firefox* ha mejorado significativamente en términos de velocidad y además tiene la gran ventaja de que apuesta por la seguridad. Después les siguen *Microsoft Edge,* el navegador oficial de Windows aunque uno de los menos usados, *Safari* y *Opera.* En el sector de la tecnología de acceso a la web desde dispositivos móviles la velocidad de navegación es, si cabe, más importante.

12. Pruebas en soportes *off line*

Las pruebas que se hacen sobre los productos multimedia publicados en soporte *off line* son en general las mismas que las vistas anteriormente para la publicación en la web. Habitualmente el producto se divide en un conjunto de ficheros organizados en carpetas generales y subcarpetas específicas y se guardan en un determinado soporte, como puede ser una unidad USB o el mismo equipo. Se debe comprobar igualmente que todas las páginas o pantallas de la aplicación y sus archivos asociados se visualizan de manera correcta y no hay pérdida de información –ficheros que falten, al no haber sido grabados correctamente en el soporte, por ejemplo- o errores en el sistema de navegación.

Las pruebas funcionales, de tiempo de carga, de legibilidad del texto, de resoluciones, sistemas operativos y de reproducción de los archivos multimedia son equivalentes a las que se realizan sobre los productos multimedia *on line,* salvando las diferencias lógicas del formato. La aplicación multimedia debe abrir y presentar los archivos de imagen, sonido y vídeo de manera fluida, por lo que será necesario probar un conjunto de "codecs" para distintas plataformas y formatos y buscar los más generales, o bien optimizar el producto para aquellos que ofrecen el mejor resultado.

12.1. Resoluciones

Los detalles técnicos sobre la resolución del producto multimedia y la de los dispositivos que acceden a él, explicados para los productos *on line* tienen la misma aplicación que en el caso de las aplicaciones en soporte *off line*. Si es conveniente matizar por otro lado, que en general un producto *off line* tiene mayor dificultad para ajustarse automáticamente a la resolución del dispositivo que acceda a él, en especial si la aplicación no está desarrollada mediante lenguaje HTML y CSS -bases del desarrollo responsivo como ya se ha comentado-. Así pues, es recomendable establecer un tamaño o resolución estándar, "optimizado" para un determinado dispositivo. Se aconseja que sea de 1024 píxeles de ancho, y un alto variable, en función del contenido.

13. Sistemas de proyección

Estos sistemas se basan en el uso de un proyector, o dispositivo que sirve para proyectar una imagen recibida mediante señal de vídeo, hacia una pantalla de tamaño mediano o grande. Tienen la ventaja de poder mostrar presentaciones, secuencias de vídeo y aplicaciones multimedia, en general, a un número relativamente amplio de personas al mismo tiempo, gracias al mayor tamaño del área proyectada –superior a la de un ordenador personal, *tablet* o *smartphone.* Aunque un proyector no es un ordenador en sí mismo, no ejecuta un programa multimedia ni procesa una presentación, algunos modelos recientes incorporan puertos USB, tienen conexión WI-FI y son capaces de reproducir ciertos archivos multimedia.

Otra característica positiva es que la señal de vídeo que se les suministra puede llegar de distintas fuentes, como ordenadores personales, ordenadores portátiles, *tablets,* teléfonos móviles, soportes digitales externos -en algunos modelos-, etc. y reproducir además la información de audio asociada. Por el contrario, salvo equipos de proyección muy exclusivos, no ofrecen la resolución ni la calidad de imagen de una pantalla de ordenador o un televisor de nueva generación. Otro aspecto negativo es el número limitado de horas de uso de la lámpara, que una vez superado, debe ser sustituida.

A la hora de adquirir un proyector hay que evaluar una serie de detalles, como son:

- **La tecnología óptica que utilice,** donde LCD *(Liquid Crystal Display)* es el tipo más económico que existe y la opción menos profesional. Otros sistemas como DLP *(Digital Light Processing)* y LCoS *(Liquid Crystal on Silicon),* ofrecen una calidad de proyección mayores aunque su precio lógicamente es mayor.
- **Luminosidad y contraste.** El contraste es la oposición entre las zonas más oscuras y las mas luminosas, siendo el valor mínimo de 800:1 y el máximo, alrededor de 40000:1. El valor más usual es 1000:1. La luminosidad, que se expresa en lúmenes es la cantidad de luz emitida. Cuanto menor sea, más pobre será la representación de las imágenes en la pantalla.
Un producto multimedia realizado para ser presentado mediante un proyector, debe estar diseñado de manera que los objetos gráficos que lo componen tengan el aspecto más definido posible. Se recomienda que visualmente exista un correcto contraste entre los elementos gráficos que forman parte de la interfaz -no utilizando textos de color oscuro, sobre fondo también oscuro, por ejemplo-.

- **Tamaño de la imagen y resolución.** Los proyectores más económicos o que usan la tecnología LCD y similares trabajan relativamente bien, proyectando imágenes de menos de 2 metros de ancho y resolución inferior a 1280x960 píxeles. Para proyectar imágenes de más de 2 m, es necesario elegir modelos más luminosos y de mayor resolución, como los basados en las tecnologías ópticas DLP.
- **Otras características importantes** son el tiempo de vida de las lámparas, que suelen ser de tipo UHP *(Ultra High Performance)* y las lámparas de xenón -de mejores prestaciones pero menor durabilidad-, la conectividad del aparato, la capacidad de reproducir directamente ciertos archivos multimedia y sus prestaciones sonoras.

A la izquierda, un sistema de proyección, y a la derecha, la diversa gama de dispositivos que pueden conectarse a un proyector

 Actividades

17. ¿Qué tecnologías usadas en la programación web complican la compatibilidad de un producto *on line* con los distintos navegadores?
18. ¿Para proyectar imágenes de más de 2 m de ancho, que tecnología óptica se recomienda que tenga el proyector?

14. Sistemas de reproducción: DVD o reproductores multimedia

Con el auge de internet, los reproductores de *streaming* en línea se han convertido en uno de los sistemas más populares para reproducir contenido multimedia. Servicios como Netflix o Amazon Prime Video permiten a los usuarios ver películas y programas de televisión a través de una conexión a internet. En la misma línea, dispositivos como Apple TV, Amazon Fire Stick y Google Chromecast han revolucionado la manera en que los usuarios acceden y disfrutan del contenido en sus dispositivos. Estos permiten transmitir contenido desde servicios en línea directamente a la televisión, ofreciendo una experiencia de visualización de alta calidad.

Aunque el uso de sistemas de reproducción físicos ha disminuido con la popularidad del *streaming,* los reproductores Blu-ray y DVD siguen siendo relevantes, especialmente para aquellos que prefieren la calidad y confiabilidad de los discos físicos. Los reproductores Blu-ray, en particular, ofrecen una alta calidad de imagen y sonido, soportando resoluciones hasta 4K UHD.

Por último, a pesar de la disminución en el uso de reproductores de medios portátiles como los iPods, los *smartphones* y *tablets* han asumido este rol. Estos dispositivos permiten la reproducción de una amplia variedad de formatos de audio y video, además de ser compatibles con aplicaciones de *streaming* y descarga de contenido.

 Aplicación práctica

Una galería de arte contacta con nosotros para la revisión y actualización de un CD-Rom multimedia, realizado para dicha galería por una empresa de diseño, hace 7 años. Puesto que el programa ha dado diversos fallos a distintos usuarios a lo largo de todo este tiempo y además se desea añadir un material video-gráfico que en total ocupa entre 2 y 4 GBytes. ¿Qué pruebas hay que hacer sobre la aplicación almacenada en este soporte para detectar todos los posibles errores? ¿Qué soporte digital es el más adecuado para incorporar el nuevo material?

Continúa en página siguiente >>

<< Viene de página anterior

SOLUCIÓN

Lo primero que se debe comprobar es para qué plataforma ha sido creado el producto y conocer las especificaciones concretas, sobre los requisitos del sistema informático que use la aplicación. Estas especificaciones pueden aparecer en la serigrafía o en la contraportada del CD-Rom original, o en algún archivo de ayuda.

Hay que comprobar también que todas las pantallas de la aplicación y sus archivos asociados se visualizan de manera correcta y no hay pérdida de información -ficheros que falten, al no haber sido grabados correctamente en el soporte, por ejemplo- o errores en el sistema de navegación que impiden acceder a determinados contenidos. También se comprueba que las imágenes y los textos se visualizan correctamente, con las resoluciones más habituales.

Se analiza de manera pormenorizada que los objetos que componen el producto funcionan correctamente y se accede a cualquier información que se ofrezca en un tiempo razonable, sin esperas excesivas. Los archivos multimedia, en especial los que almacenan secuencias de audio y vídeo, son los que con más frecuencia producen algún tipo de error. Si es así, hay que comprobar qué "codecs" utilizan, pues es posible que el equipo que reproduzca la aplicación no los tenga instalados.

Por último, el soporte ideal para almacenar los nuevos contenidos que se desean añadir es el DVD que permite almacenar en su versión más sencilla hasta 4,7 GBytes de información. Si el coste es asumible por la empresa, se puede estudiar la utilización de otros formatos más modernos como una memoria USB.

 Aplicación práctica

Una empresa decide recopilar una serie de vídeos y documentos sobre las medidas de prevención de riesgos laborales, normas internas y textos técnicos específicos sobre el proceso de producción. Se pretende publicar esta información en Internet para que los empleados y trabajadores -unos 25- la tengan disponible en cualquier momento y realizar para ellos una presentación multimedia en una amplia sala de reuniones, con el objetivo de dar a conocer este servicio.

Describa los aspectos generales relacionados con la realización de este trabajo, su publicación en internet y la presentación del mismo.

Continúa en página siguiente >>

<< Viene de página anterior

SOLUCIÓN

Puesto que el trabajo va a publicarse en internet, lo primero es recopilar toda la información y guardarla en los formatos de archivo que mejor relación de calidad/tamaño ofrezcan. Especialmente los vídeos, se codificarán de manera que su visualización a través de la web sea correcta y fluida. Se recomienda usar el formato MP4 o WebM para ello.

Por otro lado, los documentos pueden guardarse en PDF de manera que los usuarios los puedan descargar desde la página, o visualizar directamente. Otros elementos como textos, imágenes, menús de navegación, etc. se adaptarán desde los bocetos o artes finales diseñados durante el desarrollo del proyecto. La página web se creará usando el lenguaje HTML y definiendo estilos CSS que permitan un aspecto visual uniforme y coherente. Las imágenes estarán optimizadas de igual forma, en los formatos JPG, GIF y PNG, dependiendo de cada caso.

La presentación de la página web puede hacerse con un equipo informático conectado a internet, desde el cual se proyectará el acceso a la misma, su uso y la información que contiene. Se explicará a los empleados cómo acceder a la información desde los menús de navegación y cómo realizar la descarga de los documentos. También qué tipo de navegador es el más idóneo para visitar la página y cuál es la resolución recomendada en los equipos "cliente". Habrá que comprobar si el sistema de proyección es el adecuado, para que todas las personas la vean correctamente y, en caso de que el área de proyección tenga que ser grande, –más de dos metros de ancho–, utilizar para ello un proyector de tipo DLP.

15. Resumen

El arte final como contenedor de los diseños definitivos de un producto multimedia, en su nivel máximo de calidad, no es un formato válido para ser publicado en internet. Es más efectivo adaptar el arte final y los elementos que lo constituyen en "piezas" y almacenarlas en formatos de archivo válidos para la web. Posteriormente, hay un proceso de ensamblado en el que se organizan estos componentes, ya optimizados, en las páginas de un sitio *on line* mediante el uso del lenguaje HTML, principalmente.

Es necesario, por tanto, conocer los formatos de archivo que permiten dicha optimización, conservando una calidad similar y a la vez reduciendo el tamaño en "bytes" de los textos, imágenes y las secuencias de audio y vídeo respectivamente. Algunos de estos formatos son JPG, GIF, PNG y SVG para las imágenes, MP3, OGG y MIDI para las secuencias de audio y AVI, MPEG, MOV, WMV y Gif animado, para las animaciones y vídeos en general.

PDF es, por otro lado, un formato capaz realmente de almacenar casi cualquier información multimedia, aunque principalmente texto e imágenes, de manera compatible con la mayoría de las plataformas, incluso los móviles de última generación o *smartphones*. Sobre estos últimos hay una compleja labor de adaptación del arte final multimedia debido a la gran cantidad de dispositivos distintos que existen en el mercado. Sin embargo, es un proceso cada vez más necesario, ya que en la actualidad un gran porcentaje de los usuarios utilizan los dispositivos móviles para acceder a la web o a las aplicaciones multimedia *off line*.

Los soportes digitales son una forma alternativa de publicar un producto multimedia. Hay muchos formatos que permiten el almacenamiento y la reproducción de estos productos, como las unidades USB, Blu-Ray o incluso los dispositivos móviles. Es conveniente conocer las pruebas que determinan la máxima compatibilidad sobre la mayoría de las plataformas actuales, especialmente las pruebas relacionadas con la resolución, los sistemas operativos y los navegadores que accedan al producto.

Ejercicios de repaso y autoevaluación

1. La capacidad de uso de una determinada aplicación por parte de las personas, independientemente de sus capacidades físicas o conocimientos técnicos, se denomina...

    a. ... responsividad.
    b. ... funcionalidad.
    c. ... usabilidad.
    d. ... accesibilidad.

2. El nivel de "responsividad" del producto se entiende como...

_____
_____
_____
_____

3. Las imágenes usadas en los productos multimedia publicados en la web deben tener normalmente una resolución de...

    a. ... 72 ppp.
    b. ... 150 ppp.
    c. ... 300 ppp.
    d. ... 441 ppp.

4. Defina brevemente qué es una publicación *online.*

_____
_____
_____
_____
_____
_____
_____

5. **Complete los espacios vacíos con las palabras adecuadas.**

Otro de los formatos de imágenes publicadas en internet más utilizados es Gif. A diferencia de _____, GIF está indicado para imágenes _____ o con poca _____ y _____, como fondos planos, líneas, botones o iconos. Este formato puede almacenar imágenes de hasta _____ colores distintos, donde uno de los colores puede ser definido como _____.

6. **¿Cuál de los siguientes formatos se utiliza comúnmente para imágenes con compresión sin pérdida?**

    a. JPG
    b. PNG
    c. GIF
    d. TIFF

7. **Relacione los conceptos con sus respectivos nombres.**

    a. Formato surgido en 1995 que amplía la capacidad del CD hasta los 4,7 Gb.
    b. Puede almacenar aproximadamente 25 GB o cerca de 6 horas de video de alta definición más audio, aunque esto puede duplicarse con los discos de doble capa.
    c. El formato estándar no permite almacenar más de 700 Mb.
    d. Desarrollado, entre otras, por las empresas Toshiba, Microsoft y NEC, alcanza capacidades de almacenamiento de 15 hasta 32 gigabytes.

    __ HD-DVD
    __ Blu-Ray
    __ DVD
    __ CD-Rom

8. **¿Cuáles son los formatos de archivo más conocidos que almacenan una imagen sin compresión?**

_____

_____

9. La integración de las imágenes de arte final en el documento web se puede realizar usando la etiqueta HTML "<img>". Las imágenes insertadas de esta forma...

    a. ... se repiten por defecto en mosaico, si son menores que el área donde se incluyen.

        ☐ Verdadero
        ☐ Falso

    b. ... son indivisibles y por defecto no pueden tener texto encima.

        ☐ Verdadero
        ☐ Falso

    c. ... su posición exacta no se puede establecer mediante estilos CSS, pero sí usando las propiedades "Posición horizontal" y "Posición vertical" propias de la imagen.

        ☐ Verdadero
        ☐ Falso

10. ¿Qué hace el siguiente código HTML?

```
<head>
     <title>Curso de HTML básico.</title>
</head>
```

    a. Es la zona de cabecera donde se define el título de la página.
    b. Muestra el texto "Curso de HTML básico.".
    c. Muestra el texto "Curso de HTML básico." en la zona superior de la página.
    d. Todas las opciones son incorrectas.

11. Separe en su categoría correspondiente (imagen, audio, vídeo) los siguientes formatos de archivos multimedia: MKV, MIDI, GIF, OGG, JPG, AVI, MP3, PNG y MPEG.

Imagen	Audio	Vídeo

12. Complete los espacios vacíos con las palabras adecuadas.

PDF son las siglas que corresponden a "Formato de Documento _____", es decir, desde julio de _____, una especificación abierta y estandarizada bajo la Norma _____ para almacenar documentos digitales. Es _____, es decir, un documento puede verse de la misma manera independientemente del ordenador y del _____ que se utilice.

13. Respecto al uso de imágenes adaptadas del arte final al producto online, indique si las siguientes afirmaciones son verdaderas o falsas.

a. Los iconos son imágenes similares, preferiblemente del mismo tamaño, que pueden tener una funcionalidad asociada, insertados y alineados en celdas de una tabla.

☐ Verdadero
☐ Falso

b. Las imágenes de fondo se insertan solo en el fondo de tablas y no pueden repetirse en mosaico ni tener texto encima de ellas ni otros objetos, como elementos de formularios.

☐ Verdadero
☐ Falso

    c. Mediante la inserción continuada de bloques de imágenes pueden crearse elementos estéticos como fijación segura de colores, degradados de relleno o sombras.

        ☐ Verdadero
        ☐ Falso

14. Dado un diseño de interfaz realizado para un dispositivo cuya densidad es de 160 MDPI, ¿cómo puede adaptarse fácilmente a un dispositivo de densidad 240 HDPI?

    a. Aumentando el tamaño del diseño un 75 %.
    b. Aumentando el tamaño del diseño un 150 %.
    c. Aumentando el tamaño del diseño un 200 %.
    d. De manera indiferente, pues el programa responsivo lo adapta automáticamente.

15. Comente las principales ventajas de usar hojas de estilo en el proceso de adaptación de un arte final a un producto multimedia.

_____
_____
_____
_____
_____
_____
_____

Capítulo 2

Creación y adaptación de artes finales para E-Book

Contenido

1. Introducción

El desarrollo tecnológico actual ha hecho posible la salida al mercado de dispositivos pequeños y económicos con unas prestaciones más que interesantes, que permiten la reproducción de contenidos digitales como documentos y productos multimedia. Es el caso de los libros electrónicos, también llamados *E-Books* y las tabletas o *tablets.*

Las tabletas ofrecen grandes posibilidades a nivel multimedia, aunque la forma de utilizarse, sin teclado ni ratón físico, es similar a la de un móvil de última generación. Los libros electrónicos están orientados principalmente a la lectura de documentos y en general tienen menor capacidad para la reproducción de contenidos multimedia.

Por otro lado, antes también se usaban unos dispositivos denominados PDA que servían como agendas personales electrónicas, sin embargo, las prestaciones que ofrecían se han integrado totalmente en los teléfonos móviles o *smartphones* y las tabletas.

La amplia gama de dispositivos, muchos incompatibles entre sí, hace necesario por tanto seguir un proceso de desarrollo bien planificado, que sirva para optimizar y adaptar los contenidos a las características propias de estos nuevos soportes y a unos formatos de almacenamiento y reproducción específicos.

2. Creación de contenidos

El desarrollo de productos multimedia parte generalmente de la definición del proyecto entre el cliente y el equipo de trabajo. En esta fase inicial deben especificarse claramente los aspectos y detalles técnicos más importantes, como el tema general, a quién va dirigido el producto y los primeros bocetos y prototipos que marcarán el diseño del mismo.

Diferencias de diseño entre una publicación editorial mostrada en tablet (a la izquierda) y la sencillez de un libro electrónico con pantalla de tinta monocroma (a la derecha) .

 Nota

El prototipo de un producto editorial multimedia se considera un objeto demostrativo y representativo del mismo, caracterizado por un determinado nivel de detalle, fidelidad y funcionalidad respecto al producto final.

También es necesario definir las especificaciones técnicas sobre los tipos de archivo que se van a usar para transmitir la información, así como sus niveles de compresión, lo cual va a depender principalmente del dispositivo para el cual esté recomendado el producto. Por este motivo, la creación de contenidos para libros electrónicos, agendas personales y tabletas, debe tener en cuenta las siguientes consideraciones:

■ Muchas de las aplicaciones profesionales que sirven para elaborar y adaptar el arte final, están enfocadas actualmente a ofrecer soluciones generales para una gama muy amplia de productos.
Es por tanto responsabilidad del equipo de trabajo adaptar, conociendo estas herramientas, los formatos y tipos de archivo finales, a las características de un determinado dispositivo. Lógicamente es esta una de las tareas más complejas y con más posibilidades.

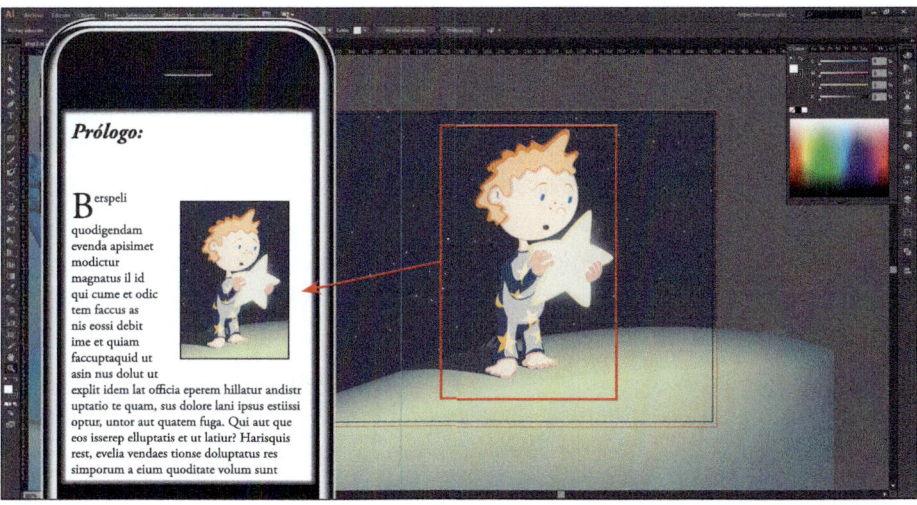

Adaptación de un arte final realizado mediante el programa Adobe Illustrator a formato válido para libro electrónico.

- En el caso de los libros electrónicos, el texto es el elemento más importante a la hora de transmitir una información, por lo que debe ser correctamente organizado y presentado. Hay que conservar la legibilidad del mismo como característica esencial en la adaptación del arte final a este tipo de productos, partiendo de documentos editados mediante procesadores de texto profesionales.

  En las primeras etapas que forman parte de la creación de libros electrónicos, se escribe el documento original usando procesadores de texto como *Microsoft Word* o *LibreOffice Writer* y se verifican los contenidos y estilos, antes de generar el formato *E-Book.*

- De igual forma, las imágenes se adaptan estableciendo su resolución y color al dispositivo. Por regla general, para libros electrónicos no tendrán una alta resolución y se guardarán en escala de grises a no ser que el libro use tinta en color. Se ampliará este tema posteriormente.

- Se recomienda usar una metodología de trabajo y unos medios técnicos que permitan separar la información de su estilo de presentación visual. Esto hace posible entre otras cosas, la adaptación o conversión automática de un determinado contenido a ciertas características del dispositivo como es la resolución, ahorrando así costosos procesos de actualización.

El grado de adaptación de un producto a distintos dispositivos independientemente de las características técnicas de estos, como la resolución de la pantalla, se denomina "Responsividad" o también, que el producto es "Responsivo". Para conseguir esto se utiliza fundamentalmente un conjunto de técnicas basadas en el lenguaje HTML 5 y las hojas de estilos basadas en CSS 3.

■ Determinar si el contenido va a estar ofrecido y estructurado por algún lenguaje de marcas, como HTML, XHTML o XML. Mediante estos lenguajes puede alcanzarse el objetivo comentado en el punto anterior y son la base de los documentos web publicados en Internet. Permiten además establecer estilos visuales óptimos y coherentes, independientes de la información, basados en hojas de estilo CSS.

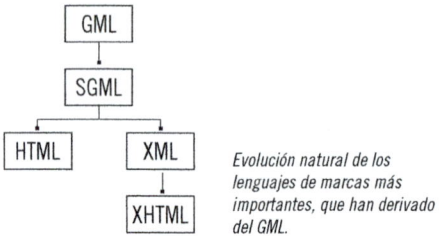

Evolución natural de los lenguajes de marcas más importantes, que han derivado del GML.

■ De no utilizar el lenguaje HTML –o similares- como base de la separación entre el contenido y la forma, se deben usar otras alternativas como los productos realizados mediante herramientas de autor, *software* de presentaciones o aplicaciones de diseño general.

■ Los elementos que componen el producto se visualizan y funcionan de la misma manera que en su desarrollo local, conservando las especificaciones definidas inicialmente.

Actividades

1. Comente los aspectos más importantes relativos a la adaptación de la información textual al formato de libro electrónico.
2. ¿De qué manera se puede separar una determinada información, de su estilo de presentación visual?

2.1. Formatos de archivo de *E-Book*

En los procesos de creación de contenidos para libros electrónicos es conveniente saber que estos, permiten leer libros almacenados en distintos tipos de archivos, es decir en unos determinados formatos. Se explican a continuación los más importantes.

Formatos clásicos: TXT y RTF

Son tipos de archivos compatibles para casi todas las plataformas y dispositivos. **TXT** es el formato de texto plano, que no contiene "metadatos", es decir sólo almacena los caracteres que componen el texto. **RTF** –siglas de formato de texto enriquecido– es un tipo de archivo multiplataforma que almacena el texto, junto con los formatos y características visuales básicas, como los estilos, alineaciones, tablas, imágenes, etc.

HTML

Es un documento de texto plano que guarda la relación entre la información que se desea presentar y las etiquetas o marcas que sirven para establecer los formatos y las propiedades de la misma. HTML es tanto el lenguaje como el documento que permite publicar una página web.

PDF

Es un formato multiplataforma orientado a la visualización e impresión de documentos. Por su complejidad no es el más recomendado para los libros electrónicos, ya que no siempre se adaptan a las características de los mismos y por tanto no se ven correctamente.

EPUB

Es un formato libre, sucesor del formato *Open Book* y apoyado por las empresas *Google* y *Sony*. Es ampliamente soportado por los dispositivos del mercado y permite la adaptación de los contenidos a las características de la pantalla de manera automática. Es considerado por muchos como el formato más popular.

AZW

Basado en Mobipocket, es el formato propietario de la empresa *Amazon* para el intercambio comercial de los títulos de su tienda y su utilización en los dispositivos *Kindle.*

MOBI

Es un formato abierto orientado principalmente a su uso en dispositivos "E-Book" ya que el tamaño de las imágenes que soporta está limitado a 64 KBytes, lo cual no es apropiado para dispositivos mayores, como las tabletas. Permite insertar funciones interactivas en sus documentos, como controles de navegación, acciones –los usuarios pueden dibujar, subrayar, realizar correcciones, comentarios, etc.- y un buen nivel de compresión.

Otros formatos son **FB2** de los dispositivos *Papyre*, **LIT** de *Microsoft Reader*, **DOC**, **DOCX** y **ODT** (formatos propios de *Microsoft Word* y *LibreOffice Writer*). Muchos libros incluyen aplicaciones internas para convertir unos formatos en otros y existen también una gran cantidad de programas enfocados a esta tarea. Destaca *Calibre,* un estupendo visor/conversor de formatos gratuito, para distintas plataformas.

Sabía que...

LibreOffice es un conjunto de aplicaciones ofimáticas multiplataforma, de código abierto y gratuitas, alternativa a otras suites comerciales como *Microsoft Office*. Se trata de una evolución independiente de *OpenOffice,* desde el año 2010 y está integrada por un amplio conjunto de programas entre los que destacan el procesador de textos WRITER, la hoja de cálculo CALC, el sistema de bases de datos BASE y los programas de diseño y presentaciones DRAW e IMPRESS, respectivamente. Es la suite que ofrecen por defecto la mayoría de las distribuciones *Linux.*

Por tanto, en general, dadas las diferencias tecnológicas entre los distintos dispositivos electrónicos, se debe determinar sobre cual de ellos se adapta y optimiza el arte final de un determinado producto y las características funcionales que hacen posible su correcta utilización. En la siguiente tabla, se ofrece un resumen sobre las herramientas que existen hoy día para crear contenidos digitales, sus características, formatos y programas específicos más importantes, en relación a los dispositivos electrónicos anteriormente comentados.

Grupo de herramientas	Propósito y formatos	*Software* específico
Herramientas de desarrollo web	- Sirven para crear documentos en formato HTML, XHTML o XML, que pueden publicarse en Internet y usar hojas de estilos CSS. - El formato HTML es ampliamente soportado por la mayoría de los dispositivos. - XML es un importante formato que permite, entre otras cosas, la transformación de documentos.	- Adobe Dreamwaver - Kompozer - HTML-Kit - Aptana Studio - Notepad++
Software de edición de documentos	- Son usados para la creación y maquetación de documentos donde el texto y las imágenes predominan sobre cualquier otro tipo de contenido. - Existen muchos formatos como DOC, DOCX, RTF, ODT, PDF, etc.	- Microsoft Word - LibreOffice Writer - Adobe Acrobat - Adobe InDesign - QuarkXPress

Continúa en página siguiente >>

<< Viene de página anterior

Grupo de herramientas	Propósito y formatos	*Software* específico
Herramientas de autor	- Sirven para crear ricos contenidos interactivos multimedia, de calidad profesional y optimizados para su reproducción en determinados tipos de dispositivos. Pueden almacenarse en la mayoría de los soportes físicos digitales. - Es también de gran importancia, el formato de aplicación ejecutable, en CD-Rom y DVD.	- Adobe Dreamweaver - Adobe Animate - Adobe AfterEffects - Adobe Authorware - Adobe Captivate - Adobe Premiere - NeoBook - Articulate
Software de diseño	- Los programas de diseño se utilizan para crear, componer y retocar imágenes, principalmente, y guardarlas en un determinado formato. Son ampliamente utilizados en el la elaboración de productos web y multimedia, para crear muchos de los componentes visuales que componen la interfaz de los mismos. - Hay un gran número de formatos entre los que destacan JPG, GIF, PNG, PSD, AI, etc.	- Adobe Photoshop - Adobe Illustrator - Corel Draw - Corel Photopaint - The Gimp - InkScape - Blender
Software de presentaciones	- Se usan para ofrecer contenidos multimedia en formato de presentación, ordenadas en un conjunto de pantallas o diapositivas que pueden ser vistas de manera lineal, una detrás de otra, o accediendo a un determinado sistema de navegación. - Existen también muchos formatos como PPT, PPTX, etc.	- Microsoft Powerpoint - OpenOffice Impress - Google Slides - Canva - Prezi - WonderShare - Mediante las herramientas de autor también pueden realizarse presentaciones.
Conversores de formatos	- Sirven para transformar documentos a un tipo distinto de formato. Por ejemplo pueden usarse estas aplicaciones para convertir documentos de Word a formato PDF, EPUB o viceversa. Algunos incluso transforman un texto en su secuencia de audio.	- Calibre - Sigil - AVS Document Converter - Doxillion - Foxit PDF

3. Lectores de *e-book*

Estos dispositivos han llegado recientemente al mercado tecnológico, ofreciendo una interesante alternativa a la lectura tradicional de libros y documentos. Son cómodos de usar y transportar, tienen un consumo mínimo de energía y algunos modelos más avanzados poseen sistemas operativos propios, con más funciones, mayores prestaciones y una conectividad mejorada, lo que permite por ejemplo la descarga en línea de miles de obras.

Libro electrónico visualizado en una tableta, haciendo el clásico efecto de pase de página. (https://www.flickr.com/photos/mikebaird/4490797851/sizes/o/in/photostream/)

 Sabía que...

Hay una relación muy directa entre el formato de libro electrónico y la protección medioambiental. Así, diversos estudios aseguran que aunque el proceso de puesta en el mercado de un *E-Book* tiene lógicamente factores negativos ecológicamente hablando, estos son compensados por el ahorro en la fabricación de papel para libros físicos. Se estima además que, si a partir de ahora solo se utilizaran libros electrónicos, se evitaría la tala de más de 50 millones de árboles en los próximos años.

Respecto al desarrollo de productos para un *E-Book* hay un problema añadido, ya que no existe un formato de libro universal. Además de la variada gama de dispositivos, algunos usan formatos propietarios como AZW o MOBI, y otros formatos libres como HTML, EPUB o PDF. Algunos tienen derechos de autor y propiedad intelectual asociados, sonido o interactividad, por ejemplo.

Así, a la hora de adaptar contenidos digitales y multimedia a los libros electrónicos hay que tener en cuenta lo siguiente:

- **Si la pantalla del dispositivo es de tinta electrónica, LCD o LED.** A su vez, estas pantallas pueden ser monocromas o a color. Mientras que los dispositivos que usan tinta electrónica monocroma –quizás el formato ideal para la lectura en cualquier condición lumínica– siguen teniendo cuota de mercado, la tinta electrónica a color no tiene un futuro muy claro, al haber sido superada en precio y prestaciones por las pantallas LCD y LED.
  Es muy importante determinar este aspecto pues lógicamente, la adaptación del arte final a libros que usen tinta electrónica (E-Ink) monocolor será un proceso distinto –pasar a escala de grises todas las imágenes– que el realizado para pantallas LCD o LED, donde primarán las imágenes de calidad, a todo color y los estilos visuales ricos cromáticamente hablando.
- **El formato y tipo de archivo de la publicación a realizar.** La mayoría de los *E-Books* usan un formato de lectura propio, optimizado a las características del dispositivo –es el caso del formato AZW en los dispositivos *Kindle*–. Otros fabricantes, *Sony* por ejemplo, recomiendan el uso de formatos abiertos como EPUB, válidos y adaptables a una gran cantidad de dispositivos.
- **Los aspectos funcionales, usables y accesibles.** Los libros deben poder ser usados de manera sencilla por el mayor número de personas, independientemente de sus conocimientos y facultades. Por otro lado, los aspectos funcionales más importantes son los relacionados con la correcta visualización de los contenidos, la inserción de un sistema de navegación, índice y ayuda y la posibilidad de ofrecer alternativas accesibles a la lectura, como traducciones sonoras relativas al texto que se lee y audio-descripciones.

4. Dispositivos en el mercado

Se describen a continuación algunos de los libros electrónicos más conocidos y sus características más importantes.

4.1. Kindle 2022

Se trata de la nueva generación de Kindle, el *e-book* de Amazon, que mantiene su simpleza y bajo precio. Usa una pantalla de tinta electrónica de 6 pulgadas con luz de lectura integrada y tiene una batería muy duradera. Posee una memoria de 14GB y USB-C. Estas prestaciones y la amplísima oferta de obras a las que puede acceder *online* a través de la tienda de Amazon, hacen de él uno de los mejores productos del mercado. Permite reproducir la mayoría de formatos.

4.2. Woxter E-Book Scriba 195 S

Este *e-book* es compacto y ligero y cuenta con 4GB de capacidad, lo que se traduce en poder almacenar unos 2.000 libros. Su pantalla es de tinta electrónica y usa un puerto de microUSB. Tiene la peculiaridad de que su pantalla tiene un alto nivel de contraste para facilitar la lectura.

4.3. Kobo Clara 2E

Este *e-book* es la principal alternativa a Kindle ya que su pantalla tiene una gran resolución, con tinta electrónica modelo carta antirreflejos y 16 GB de almacenamiento. Además, es resistente al agua.

4.4. Kindle Paperwhite (2021)

Aunque no es el modelo más nuevo, sí es tal vez uno de los más comprados del mercado debido a su facilidad de uso y su bajo precio. Usa tinta electrónica y es también resistente al agua.

4.5. PocketBook InkPad Color 2

Se trata de un modelo superior de *e-book* que ofrece una mayor calidad de pantalla, sobre todo perceptible si las lecturas contienen imágenes. Usa tinta electrónica Kalido Plus y tiene una pantalla de tamaño superior al resto, de 6,8 pulgadas. Sobre todo destaca por su memoria, de hasta 32GB, y su compatibilidad con multitud de formatos, hasta 19 diferentes (ACSM, CBR, CBZ, CHM, DJVU, DOC, DOCX, EPUB, EPUB (DRM), FB2, FB2.ZIP, HTM, HTML, MOBI, PDF, PDF (DRM), PRC, RTF, TXT).

Hay muchos más dispositivos y continuamente salen al mercado nuevos productos y versiones que superan a los anteriores. Otros fabricantes como Onyx, Barnes&Noble o Sony ofrecen dispositivos muy interesantes. Sin duda, uno de los que más ha evolucionado es el modelo Kindle de Amazon, que también es la opción preferida por la mayoría de usuarios.

Modelo de Kindle Paperwhite

Actividades

3. Cite las características más importantes del formato EPUB. ¿Puede poner un ejemplo de formato propietario para libro electrónico?
4. ¿Cuál es el formato o tecnología más común de pantalla que usan los libros electrónicos?

5. El formato PDF

PDF es actualmente uno de los medios más conocidos para intercambiar información gráfica y textual entre distintos equipos y plataformas. Sin embargo, algunos documentos son creados en formato de impresión A4 o para su lectura en pantallas grandes y tabletas. Por este motivo, aunque la mayoría de los *E-Books* leen este formato, en muchos casos la visualización no es del todo correcta y aparecen saltos de líneas o los caracteres no tienen una buena definición.

 Recuerde

PDF son las siglas que corresponden a "Formato de Documento Portable", es decir, desde julio de 2008, una especificación abierta y estandarizada bajo la norma ISO 32000-1 para almacenar documentos digitales. Es multiplataforma, es decir, un documento puede verse de la misma manera independientemente del ordenador y del sistema operativo que se utilice.

Desde el punto de vista de la creación de contenidos digitales en formato PDF para dispositivos *E-Book* y similares, se recomienda optimizar los ficheros a las características técnicas de estos, como es la resolución y los formatos soportados.

Una de las formas usuales de hacerlo es a partir del documento original en formato DOCX, es decir, en formato de *Microsoft Word* u ODT el formato de *LibreOffice Writer.* A partir de un texto correctamente estructurado y justificado, se debe establecer el tamaño de página con un ancho de 9 cm y 11,7 cm de alto y unos márgenes aproximados de entre 0,3 y 0,5 cm.

Otros detalles más específicos que se recomienda ajustar son:

- Fuentes tipográficas: usar los tipos de letra que mejores características de legibilidad ofrezcan, como Arial, Times New Roman, Verdana, Tahoma o Calibri. No usar fuentes extraños o poco usadas.

- Tamaño de fuente: para el texto normal 10, 11 o 12. Para los títulos, 14 o 16.
- Separar los párrafos y espaciar las líneas de texto con el nivel de interlineado -separación entre las líneas- que mejor legibilidad ofrezcan.
- Usar adecuadamente los estilos de negrita, cursiva y subrayado para enfatizar determinadas frases o palabras.
- Establecer los encabezados y pies de página que dan un aspecto profesional a los textos.
- Gestionar los saltos de página de manera que no haya párrafos que queden bruscamente cortados y la estructura de la página sea visualmente correcta.
- Ortografía y gramática. Realizar tantas revisiones como sean necesario para garantizar un buen uso del lenguaje en términos sintácticos y gramaticales. Un texto con faltas ortográficas da muy mala imagen y echa por tierra el objetivo de realizar productos profesionales.
- Las imágenes han de ser ajustadas a la resolución y color del dispositivo, en el caso de una adaptación a un tipo de *E-Book* en concreto. Hay que recordar que aunque la mayoría usan tinta *E-Ink* monocroma en escala de grises, algunos lectores han apostado por pantallas a color y hay varios proyectos importantes sobre un determinado tipo de tecnología de calidad superior. Para adaptar el arte final a imágenes con unas determinadas características de tamaño, resolución y formato, se aconseja usar programas profesionales como *Adobe Photoshop* o *The Gimp.*
- Crear un índice para el documento si fuera necesario, agregando enlaces a determinados textos (hipertexto) o imágenes.
- Una vez que el documento está terminado queda convertirlo a PDF. Esto puede hacerse de muchas formas distintas como se vio en el capítulo anterior y puede ajustarse la calidad del formato de salida.
  La mayoría de las aplicaciones, como *Microsoft Office, Libre-Office, software* de *Adobe,* etc. permiten guardar el documento en formato PDF desde el menú de archivo. Si el programa que use para editar el archivo no tiene la opción anteriormente comentada, hay muchas aplicaciones gratuitas que se encargan de hacer este trabajo, como *doPDF, PDF Creator,* o *Small PDF.*
- Realizar unos ajustes finales en el fichero PDF, estableciendo la seguridad del documento y embebiendo las fuentes tipográficas.

Aunque muchos dispositivos físicos ofrecen un sistema de navegación sobre el libro que se esté visualizando, es más profesional insertar en el documento un índice y un conjunto de enlaces de hipertexto -entre otras razones es muy poco práctico ir hasta la página 100 pasando las páginas de una en una-. Por esto es muy común que los libros tengan índices y muchas palabras estén conectadas a determinados temas, secciones y páginas.

 Nota

En los productos multimedia y documentos web es muy frecuente encontrar vínculos a programas externos, o servicios de internet tales como el correo electrónico, o páginas web. También vínculos a pantallas o páginas de la propia aplicación. Cuando este tipo de vínculos están definidos sobre palabras o textos, se denominan hipertexto.

Esto puede hacerse desde el programa de edición de documentos PDF *Adobe Acrobat*, también mediante un procesador de textos profesional gratuito como *Writer (OpenOffice, LibreOffice)* o usando el conocidísimo programa *Microsoft Word*. En este último caso, un índice se hace agregando tantos marcadores como páginas se deseen indexar. Así si el primer tema o capítulo, comienza en la página 2 del documento, se inserta un marcador al comienzo de dicha página. Los marcadores o destinos, se insertan sobre palabras previamente seleccionadas -la primera de cada página, por ejemplo.

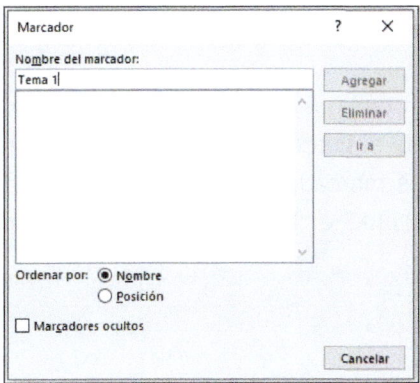

Ventana de gestión de marcadores. Un marcador se inserta desde la ficha "Insertar", grupo "Vínculos", botón "Marcador", habiendo seleccionado previamente el texto que se desea convertir en marcador. En este caso, en la página 2 del documento.

Una vez insertados en el documento todos los marcadores o "destinos" de la navegación, se introducen los vínculos. Estos son normalmente las palabras clave del documento o imágenes sobre las que los usuarios pulsan para navegar hacia los marcadores. Así por ejemplo pueden seleccionarse determinadas palabras del índice e insertar sobre ellos los enlaces a sus marcadores correspondientes o incluso a otros documentos.

Esto se gestiona desde el botón de **Hipervínculo** que abre la ventana "Vincular a". Desde esta ventana se puede vincular fácilmente a cualquier marcador ya insertado, a un marcador existente en otro documento, a una página web o incluso a una dirección de correo electrónico.

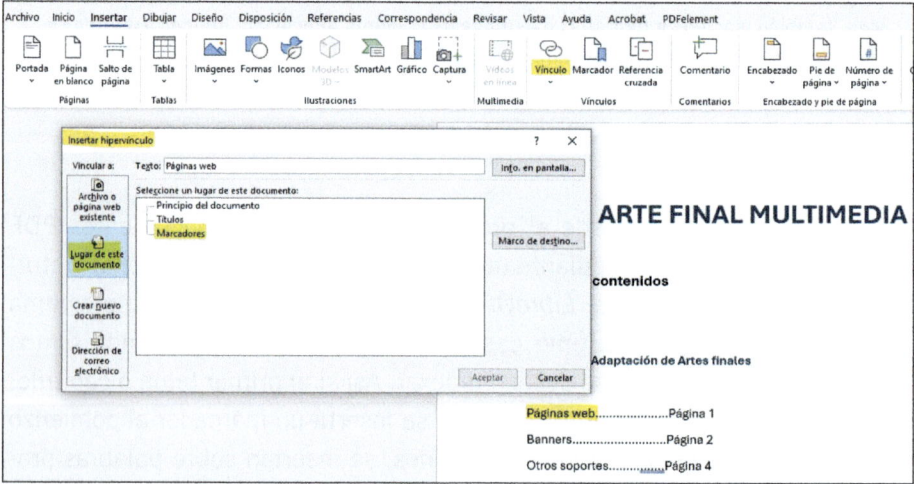

Pasos necesarios para asignar un vínculo de tipo marcador al texto "Páginas web" situado en el índice. De esta forma, cuando un usuario pulsa en dicho texto, será dirigido al marcador "Tema1" que, como se comentó en la imagen anterior, fue insertado en la página 2 del documento.

Estas técnicas son similares en cualquier otro procesador de textos como *Writer* y se conservan perfectamente al guardar el documento en formato PDF. En algunos programas los términos marcador, enlace e hipervínculo se nombran en inglés como "bookmark", "link" e "hyperlink" respectivamente.

6. El formato EPUB

EPUB, acrónimo de "Publicación Electrónica", es el nombre de un formato abierto de libro electrónico, que puede ser utilizado tanto por empresas como por particulares, sin pagar ningún tipo de canon, incluso en dispositivos alternativos como tabletas y *smartphones.* Su mejor característica es que es independiente del dispositivo de lectura que lo use, adaptándose a las características del mismo, de su tamaño de pantalla y de los tipos de letras instaladas. Esta ventaja se da especialmente en libros donde predomina el texto y no es tan efectiva en aquellos documentos en los que abundan las imágenes y los contenidos multimedia, como secuencias de audio y vídeo.

 Nota

Desde Septiembre de 2007 EPUB es el sucesor del formato OEB ("Open EBook") y se ha convertido en estándar para numerosas instituciones, organizaciones y empresas como el FICOD (Foro Internacional de Publicaciones Digitales), *Adobe, Sony, Kobo* y las del sector editorial como *Pearson* o *Santillana.* Otras grandes empresas, entre ellas *Google,* han optado por usar este formato libre de manera alternativa a PDF en su grandísima colección de libros digitales. Sin embargo no ha alcanzado la total compatibilidad al haber dispositivos como el *Kindle* de *Amazon* que no soportan este formato.

EPUB es técnicamente hablando un contenedor, formado principalmente por tres ficheros o grupos de datos:

1. **OPS:** es un documento XHTML que define la estructura del libro y su hoja de estilos CSS llamada OPS Style Sheet. OPS son las siglas en inglés que corresponden a "Estructura de Publicación Abierta".
2. **OPF:** es la especificación basada en el lenguaje XML de la propia estructura del archivo EPUB. Contiene metadatos que definen el idioma, los capítulos, la ubicación del resto de archivos, etc.
3. **OCF:** suele ser un archivo ZIP que contiene el resto de información del libro, como el texto, las imágenes, secuencias de audio y vídeo, las hojas de estilo, etc.

De esta estructura se observa, que el formato está muy relacionado con el desarrollo web al usar lenguajes como XHTML, CSS y XML. Otra ventaja es que internamente usa la codificación UNICODE lo que permite mantener las características originales de un determinado idioma (la letra "ñ" por ejemplo).

Para convertir un documento a este formato es necesario utilizar un programa como *Calibre,* que además de ser uno de los mejores es gratuito. Puede conseguirse en <http://calibre-ebook.com/>. Es también muy útil usar algún *software* de visualización de libros EPUB, antes de su publicación definitiva, como puede ser el programa *Adobe Digital Editions.*

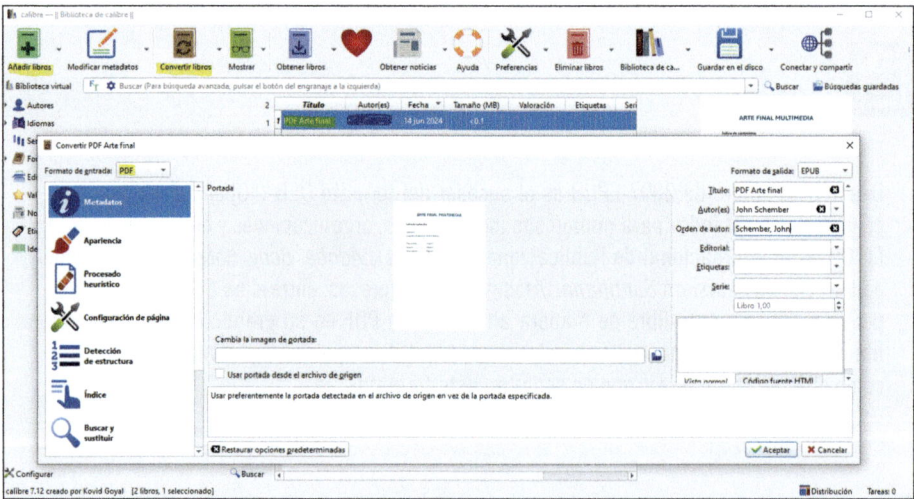

Ejemplo de conversión mediante el programa Calibre, de un archivo PDF a formato EPUB previamente incluido en la biblioteca de libros -paso 1-.

Un libro electrónico en formato EPUB se puede crear y editar desde programas específicos como *Sigil, MyEbook, QualityEpub, BookType* y *eCub,* entre otros, también con extensiones como *Writer2ePub* que permite guardar un libro en este formato usando el editor de textos *LibreOffice Writer* y mediante aplicaciones de diseño gráfico como *Adobe InDesign.* Se puede realizar a partir de cualquier documento original sobre el que se han seguido las mismas normas especificadas en el punto anterior.

Actividades

5. ¿Cuáles son los formatos de documento original propios de Microsoft Word y LibreOffice Writer?
6. ¿Para qué se usa el programa Calibre? ¿Es gratuito?

Aplicación práctica

Una empresa nos encarga la realización de un libro electrónico de aproximadamente 80 páginas, con algunas ilustraciones y optimizado para el "Kindle PaperWhite de Amazon". ¿Cuáles son las consideraciones generales más importantes que hay que tener en cuenta en el proyecto, a la hora de adaptar los textos y las imágenes?

SOLUCIÓN

El Kindle PaperWhite de Amazon es un *e-book* con pantalla táctil E-ink (tinta electrónica) de 6 pulgadas y una resolución de 300 ppi en escala de grises que permite entre otros, visualizar archivos Amazon, MOBI, TXT, PDF, EPUB, DOC, PNG, GIF. Con estas características, las imágenes deben ser optimizadas a escala de grises desde un programa de retoque fotográfico como *Adobe Photoshop* o *The Gimp.* Los textos pueden ser creados y revisados desde cualquier procesador de textos profesional, añadiendo un sistema de navegación e índice con marcadores. Puesto que el dispositivo es capaz de reproducir audio, se pueden ofrecer alternativas accesibles a la lectura, como traducciones sonoras relativas al texto que se lee y audio-descripciones.

Aplicación práctica

Respecto al mismo proyecto de la aplicación anterior, ¿cuál sería el formato de archivo más genérico posible y que además pudiera adaptarse correctamente a otros dispositivos? ¿Con qué *software* puede realizarse?

Continúa en página siguiente >>

<< Viene de página anterior

SOLUCIÓN

Amazon, el propio fabricante de este dispositivo, recomienda el uso del formato AZW, la versión AZW3, creado específicamente por Amazon para Kindle, que solo es compatible con estos dispositivos. Sin embargo, para facilitar el uso del *e-book,* es recomendable crear un archivo EPUB, adaptable a una gran variedad de dispositivos. Para crear un archivo EPUB pueden utilizarse distintas soluciones. La más sencilla es crear el documento desde un procesador de textos como *Microsoft Word* o *LibreOffice Writer* y posteriormente usar el programa *Calibre* u otro similar para realizar la conversión de formato.

Un libro en formato EPUB además se puede crear y editar desde programas como *Sigil, MyEbook, QualityEpub, BookType o eCub* y también con extensiones como *Writer2ePub* que permite guardar el documento en dicho formato, usando el procesador *LibreOffice Writer*

---

7. El formato XML

La historia de XML comienza en 1996, como cierta evolución del SGML. XML son las siglas de "eXtensible Markup Language", es decir, "Lenguaje Extensible de Marcas" y corresponde a un lenguaje que permite crear otros lenguajes. Sus grandes posibilidades le han servido para definir importantes lenguajes como MathML (matemáticas), SMIL (multimedia), XHTML (web), y muchos otros. XML puede ser adaptado a casi cualquier interpretación humana.

Así por ejemplo se puede crear el lenguaje COMPUTADORA en el que se definen etiquetas como <Procesador>, <Memoria>, <almacenamiento>..., <Periféricos> para definir los componentes principales de un ordenador. A su vez un componente como <almacenamiento> puede contener <disco duro>, <tarjetas flash>, <DVD>, etc.

XML no es un lenguaje creado para elaborar páginas web. Tampoco se usa para generar un resultado a partir de unas entradas, en el sentido de la programación tradicional. Su utilidad se centra en ofrecer una información con una presentación distinta o un tipo de documento distinto, a partir de un original. Esta característica ha sido ampliamente usada para generar formatos de libros electrónicos, como el formato EPUB del que ya se ha hablado en el punto anterior.

 **Nota**

Actualmente XML está ya afianzado como una filosofía que permite el manejo flexible e intercambio útil de información entre distintas plataformas y aplicaciones de bases de datos, procesamiento de texto y hojas de cálculo por ejemplo. Permite que muchos sistemas, a priori totalmente distintos, puedan compartir información de una manera segura y eficiente.

El lenguaje permite estructurar un conjunto de datos separándolos radicalmente de su formato, a diferencia de otras soluciones como HTML que busca más una presentación multipropósito de la información. Sigue una sintaxis estricta y consistente, siendo también distinto en este sentido al HTML, donde es posible dejar etiquetas abiertas sin que por ello "salga un mensaje de error en la pantalla".

8. Hojas de estilo CSS y XSL

En el capítulo anterior se explicó que los contenidos multimedia presentados mediante lenguajes de marcado y/o de guiones, como las páginas web, utilizan el lenguaje HTML como base principal de su estructura, y las hojas de estilo CSS como mecanismo de definición del aspecto visual. La técnica se basa en definir mediante estilos la apariencia de los elementos que forman parte de los documentos HTML, como textos, vínculos, tablas o imágenes. Los estilos son conjuntos de propiedades que pueden almacenarse en los mismos ficheros HTML o en documentos CSS (archivos de texto plano con extensión "*.CSS").

Después de los trabajos e ideas de distintos autores, en 1986 se normaliza el SGML como primer lenguaje que separa el formato y la presentación del texto respecto al texto en sí. Este lenguaje es considerado el padre, y principal referente de todos los demás, como el HTML.

Pero, ¿qué puede haber dentro del fichero de estilos? Realmente tantos estilos como se desee. Por ejemplo se puede escribir un estilo llamado ".color_fondo" que determine mediante la propiedad CSS "background-color" el color de fondo de la página web -los colores suelen especificarse de manera precisa usando código hexadecimal-:

```
.color_fondo {background-color:#F0F0F0;}
```

Una vez creado el estilo, el archivo se guarda con un nombre como puede ser "estilos.css" y se adjunta al documento HTML donde se quiera usar el estilo, utilizando la etiqueta "<link>" en la cabecera de la página:

```
<head><link href="css/estilos.css" rel="stylesheet" type="text/css"></head>
```

La etiqueta "<link>" le indica al navegador que use las reglas de estilo CSS del fichero "estilo.css", localizado en la carpeta "css" mediante la propiedad "href". Para usar luego este estilo en la página web, debe aplicarse sobre la etiqueta "<body>" mediante la propiedad "class".

```
<body class="color_fondo">
```

Si posteriormente se desea cambiar el color de fondo de todas las páginas, tan solo es necesario modificar el estilo y volver a guardar el fichero:

```
.color_fondo {background-color:#F5F5F5}
```

En el fichero de estilos, el nombre del estilo suele antecederse con el carácter punto ("."), salvo casos especiales. Un ejemplo es el estilo "body" que sirve para modificar el estilo general de la página web. El siguiente código CSS de ejemplo sirve para establecer el estilo de presentación de la página de manera que esta se ve con el fondo de color negro, 0 píxeles de margen superior e izquierdo, separación de las líneas de texto de 20 píxeles, color del texto blanco, letra "Verdana" y tamaño de fuente de 12 píxeles (px).

```
body {
    background-color: #000000;
    margin-top: 0px; margin-left: 0px;
    line-height: 20px;
    color: #FFFFFF;
    font-family: Verdana;
    font-size: 12px; }
```

Los enlaces *HTML* pueden mejorarse aplicando sobre ellos distintos estilos. Antes hay que saber que para definir un estilo de enlace se usa el formato "a.nombre_del_estilo {estilos...}" para los enlaces, "a.nombre_del_estilo:hover {estilos...}" para el estilo que se muestre cuando el usuario situa el puntero del ratón en el enlace y "a.nombre_del_estilo:visited {estilos...}" para los enlaces visitados. Se muestra un ejemplo de esto:

```
a.link1 {color:#FFFFFF; font-weight:bold; text-decoration:none;}
a.link1:hover {color:#FFCC00; font-weight:bold; text-decoration:underline;}
<a href="contacto.php" class="link1">ir a contacto</a>
```

En este ejemplo se usa un estilo de enlace llamado "link1" para aplicarlo a las etiquetas "<a>" de la página mediante la propiedad class="link1". El estilo está formado por "a.link1" donde básicamente se define el texto de color blanco y en negrita y "a.link1:hover" que se activa cuando el usuario pasa el ratón por el enlace y se diferencia del anterior en que el texto aparece subrayado y en color amarillo intenso. Los estilos CSS ofrecen muchas posibilidades, algunas de las cuales se muestran en la siguiente tabla.

 Nota

En HTML los enlaces de texto se marcan con color azul y subrayados por defecto. Para modificar esto, se usan los estilos de enlaces dando además un toque interactivo a las páginas, de manera que los usuarios reconocen los enlaces de navegación, al pasar el ratón por encima de ellos. Otros tipos que pueden usarse son "a.nombre:active" cuando se hace "clic" sobre el enlace, "a.nombre:link" para marcar los enlaces no visitados o "a.nombre:visited" para los enlaces ya visitados.

Propiedad CSS	Función	Ejemplos
color	Indica el color del texto. Puede especificarse como un nombre en inglés o con un código hexadecimal de color RGB.	color: #009900; color: red;
font-size	Determina el tamaño de los caracteres. Admite tamaños preestablecidos como "small", "medium", "large" o bien mediante un valor numérico sobre una determinada medida.	font-size:12pt; font-size: large;
font-family	Sirve para especificar el tipo de fuente, es decir el tipo de letra, que se usa. Pueden usarse un listado de fuentes separadas por coma para garantizar el uso de alguna de ellas.	font-family: arial, verdana; font-family: fantasy;
font-style	Determina el estilo del texto en cuanto a ser normal ("normal"), itálica ("italic") u oblícua ("oblique").	font-style:normal; font-style: italic;
font-weight	Marca la anchura de los carcteres del texto. Su uso más extendido es para poner en negrita un conjunto de caracteres mediante el valor "bold".	font-weight: bold; font-weight: 200; font-weight: normal;
text-decoration	Esta propiedad permite cierta "decoración" sobre el texto, como el subrayado ("underline"), el tachado ("line-through") o ninguna ("none").	text-decoration: underline; text-decoration:none;
line-height	Es una propiedad que no existe en el lenguaje HTML y que sirve para establecer el espaciado o distancia entre líneas.	line-height: 12px; line-height: normal;
background-color	Esta propiedad se utiliza para establecer el color de fondo de la página.	background-color: green; background-color: #000055;
background-image	Mediante esta propiedad se establece una imagen de fondo en un documento HTML, en una tabla, en sus filas, columnas o incluso celdas.	background-image: url(imagenes/tabla.jpg)
margin-left margin-right margin-top margin-bottom	Estas propiedades permiten definir respectivamente el tamaño de margen izquierdo, derecho, superior e inferior de un determinado elemento, como puede ser la página en si.	margin-left: 20px; margin-right: 20px;

Continúa en página siguiente >>

<< Viene de página anterior

Propiedad CSS	Función	Ejemplos
border	Este atributo, permite medir en píxeles, la anchura de los bordes de un objeto.	border: 1px;
border-color	Establece el color de borde del elemento al que se aplica.	border-color:#ffccff; border-top-color: #000000;
border-style	Marca el estilo de los bordes que pueden ser sólidos ("solid"), dobles ("double"), punteados ("dotted"), ningún estilo ("none"), etc.	border-style: dotted;
position	Esta interesante propiedad permite posicionar un elemento en un punto fijo de la pantalla –si se usa posicionamiento absoluto-, o bien relativo a la posición de su objeto contenedor. Se usa junto a las propiedades "top", "left", "right" y "bottom" para establecer el lugar exacto del objeto en el documento.	position:absolute; top:100px; left:50px; position:relative; top:5px; left:1px;
visibility	Permite hacer visible o invisible ("hidden") un determinado objeto.	visibility:hidden; visibility:visible;
width, height	Son las propiedades que establecen el ancho y el alto de un objeto. Pueden medirse en píxeles o en porcentajes.	width:"100%"; height:20px;

 Nota

Los objetos HTML cuyas medidas se establecen en porcentajes, como las tablas, filas y columnas, pueden ajustarse automáticamente al ancho y alto total de la resolución de la pantalla. Esto en algunos casos es una gran ventaja pues se consigue de una manera aceptable una versión de la web válida para muchas resoluciones. Mientras que el lenguaje HTML solo ofrece las medidas de píxeles y porcentajes en lo que se refiere a distancias o tamaños, CSS permite usar medidas adicionales como las pulgadas, los puntos o los centímetros, y esto es muy útil para diseñar correctamente nuevos tipos de documentos como los libros electrónicos.

Los estilos CSS mejoran en gran medida la accesibilidad a los documentos y hace innecesario el obsoleto sistema de estructurar una web mediante tablas. Al separar el estilo del contenido, el código HTML es mucho más fácil de leer, lo cual es también una ventaja en relación al posicionamiento de las páginas en los buscadores.

También permiten que las páginas se carguen más rápido, al liberar a los documentos HTML de una gran cantidad de códigos de estilos repetidos. El fichero de estilos es cargado por el navegador una sola vez y los estilos en él definidos se aplican tantas veces como sea necesario. Se consigue de este modo un aspecto uniforme y preciso en los documentos web al separar la apariencia de los objetos, de la información que estos ofrecen. Luego es muy efectivo cambiar el estilo de presentación de todo un producto multimedia, sin tener que modificar una sola línea de código HTML.

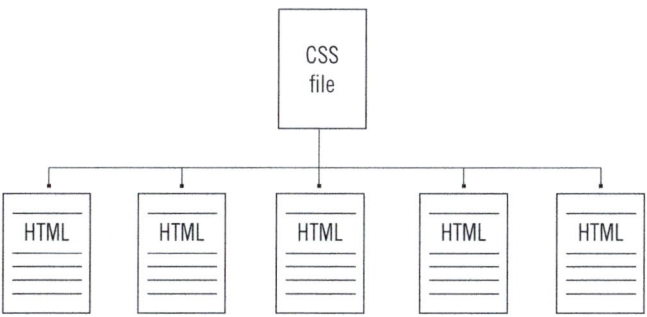

Representación de la idea de uso de una sola hoja de estilos por parte de diferentes documentos HTML

 **Nota**

También es posible definir estilos dentro de un documento HTML directamente en su cabecera, mediante el atributo "<style>". Este método tiene como desventaja que en este caso, los estilos no se podrán aplicar sobre otras páginas. De igual forma pueden aplicarse estilos sobre determinadas etiquetas, como puede ser la de un párrafo ("<p>"). Esto se hace utilizando la propiedad de estilo ("style=...") pero con la gran desventaja de no poder reutilizarse en ningún otro sitio.

Por otro lado las hojas de estilo XSL sirven para establecer el estilo de un documento XML, permitiendo modificar el aspecto del mismo mediante la definición de una serie de transformaciones. Siendo más complejo y potente que CSS utiliza a su vez otros lenguajes como XSLT, verdadero motor de transformación de un archivo XML en otro diferente, XPath que permite navegar dentro de un documento XML y construir expresiones que recorren y procesan el documento y XSL-FO que permite especificar un formato visual concreto con el que presentar un documento XML. Este último se utiliza, por ejemplo para generar documentos PDF.

 ### Aplicación práctica

Para la realización de un libro electrónico se necesita crear determinados estilos CSS, los cuales junto con sus propiedades son:

- Propiedades de la página: El fondo será de color blanco (#FFFFFF), con 20 píxeles de margen izquierdo y derecho, el texto por defecto será de color negro, tamaño 12 píxeles, separación entre las líneas de 18 píxeles y tipo de letra verdana.
- Texto1: Color del texto negro (#000000), fuente "Helvética", tamaño 12 px.
- Texto2: Color del texto gris (#BCBCBC), fuente "Helvética", tamaño 10 px.
- Enlace: Fuente "Verdana" tamaño 11 px, estilo negrita, el enlace se subraya al pasar el ratón por encima.

Recuerde que para definir un estilo se usa la sintaxis:

```
.nombre_estilo {propiedad1:valor1;propiedad2:valor2;...}
```

Escriba los códigos de estilo CSS que implementan estas características.

Continúa en página siguiente >>

<< Viene de página anterior

SOLUCIÓN

```
body {
    background-color: #FFFFFF;
    margin-left: 20px; margin-right: 20px;
    color: #000000; font-size: 12px; line-height: 18px;
    font-family: Verdana; }
    .texto1 {color:#000000; font-family: Helvetica; font-size:12px}
    .texto2 {color:#BCBCBC; font-family: Helvetica; font-size:10px}
    a.enlace {font-family: Verdana; font-weight:bold;
    text-decoration:none; font-size:11px }
    a.enlace:hover {font-family: Verdana; font-weight:bold;
    text-decoration:underline; font-size:11px }
```

Actividades

7. ¿Cuál es la principal utilidad del lenguaje XML?

8. ¿Por qué el uso de estilos CSS permite que las páginas web se carguen más rápido?

9. Conversores de formato

Además de la extensa gama de aplicaciones, algunas vistas en el capítulo anterior, enfocadas a convertir unos formatos de archivos en otros distintos, la evolución de los lenguajes XML, XSL, XSLT y otras tecnologías, permiten hoy día realizar complejas transformaciones sobre la información, no solo en los aspectos visuales sino también en el formato y la estructura de la misma.

Así, por ejemplo, puede realizarse una conversión de cierta información contenida en una base de datos, exportándola a *XML* y transformándola a formato *HTML,* haciendo así posible que se puedan presentar contenidos interactivos multimedia *on line* para distintos tipos de dispositivos (ordenador personal, tableta, libro electrónico, etc.).

Para realizar una transformación es necesario usar una hoja de estilo descrita en lenguaje *XSL*. El motor *XSLT* inspecciona el documento *XML* dividiéndolo en componentes básicos y sobre ellos aplica las órdenes de presentación programadas en dicha hoja de estilo.

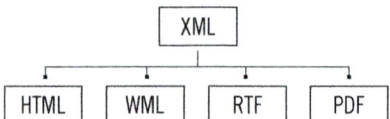

Esquema que idealiza la capacidad del formato XML para convertir una información en un determinado tipo de documento.

 Nota

La programación de transformaciones XSLT se implementa mediante un conjunto de técnicas alejadas de la programación clásica y centradas en los documentos y los lenguajes de etiquetas. Además algunos de los procesos se realizan generalmente en un servidor web, por lo que es necesario tener amplios conocimientos sobre ellos.

Una conversión XSLT se basa por tanto en un primer archivo XML, para lo cual es necesario también conocer los métodos usados por las aplicaciones para generar dicho documento. Por ejemplo, un programa comercial de facturación que dispone de una base de datos de clientes, facturas y proveedores y genera en formato XML una determinada información. No se deben confundir las marcas de un documento XML –no son interpretables por los navegadores web- con las etiquetas del lenguaje HTML.

9.1. Tipos de conversiones

Independientemente de la información original que guarda un documento *XML*, hay muchos tipos de transformaciones y formatos de salida, entre los que destacan:

- A XML con una estructura distinta.
- A HTML para publicar el documento en Internet.
- A PDF que como sus siglas en inglés indican, "Formato de Documento Portable" es un formato de archivo que puede abrirse prácticamente en cualquier plataforma y dispositivo, orientado a la lectura y la impresión.
- A RTF que es el formato ideal para el intercambio de documentos basados en texto y estilos tradicionales (alineaciones, subrayados, negritas, etc.). RTF corresponde con las siglas en inglés de "formato de texto enriquecido" y es usado por muchos programas y por la mayoría de los productos ofimáticos, como *Microsoft Office*, *OpenOffice*, etc.
- A SVG que es un formato de documento ideal para el uso de gráficos vectoriales, multiplataforma y multidispositivo. SGV corresponde a las siglas en inglés de "Gráficos Vectoriales eScalables" y los documentos de este tipo están escritos en XML.
- A WML siglas en inglés de "Lenguaje de Marcas Wireless" para el acceso a la información por parte de dispositivos no convencionales.
- A otros formatos como TeX, TXT, PS, Voz, etc.

Actividades

9. ¿Es XML un lenguaje válido para crear páginas web?
10. ¿Mediante XML, a qué formato se puede convertir una información original para ser publicada en Internet?

10. Resoluciones

En el capítulo anterior se explico como la resolución de una pantalla es una de las características que afectan a la claridad y a la calidad de los contenidos vistos en un dispositivo. En el caso de los lectores de *E-Book* la tecnología *E-Ink* permite superar los 150 píxeles por pulgada, lo que mejora la nitidez de muchas pantallas LCD y TFT – estas pantallas además producen mayor fatiga visual–.

Recuerde

La resolución habitual en una pantalla de ordenador es de 72 ppp. Sin embargo, otras pantallas, como las de los libros electrónicos, tabletas o móviles de última generación, usan resoluciones distintas que deben ser conocidas para adaptar así con éxito el arte final a dichos dispositivos.

En la siguiente tabla se muestra una relación entre la resolución y el número de píxeles por pulgada en varios modelos.

Modelo	Resolución	Píxeles por pulgada
Kindle (2022)	1440 x 1080 píxeles	300 ppp
Woxter E-Book Scriba 195 S	800 x 600 píxeles	167 ppp
Kobo Clara 2E	1448 x 1072 píxeles	300 ppp
PocketBook InkPad Color 2	1872 x 1404 píxeles	300 ppp grises / 100 ppp color
SPC Dickens Light 2	1024 x 758 píxeles	212 ppp

La resolución, sin embargo, no es el único factor que condiciona la calidad de una pantalla. Otros aspectos importantes son:

- El contraste que puede ser medio o alto.
- El número de colores y niveles de grises, entre 4 y 16 (con 8 niveles de grises se pueden representar 256 tonos de grises distintos desde el blanco al negro).
- La calidad de los componentes utilizados.

11. Pruebas en diferentes reproductores de *E-Book* y PDA con diferentes formatos de salida

La realización de productos multimedia profesionales requiere ver cómo se adaptan los componentes que forman parte del arte final, a distintos formatos y dispositivos. Una de las pruebas más importantes consiste en comprobar la maquetación del documento, el tamaño y resolución de las imágenes y la legibilidad de los textos, directamente sobre determinados dispositivos o en su defecto usando simuladores y visualizadores.

En los sistemas *Windows* y *Mac* existen programas como "*Adobe Ebook Reader*" que es una magnífica herramienta libre para leer libros electrónicos, similar al programa ya referido *Calibre*, aunque con menos opciones y más enfocado al formato PDF. "*Adobe Digital Editions*" es otra alternativa gratuita, pero más enfocada a la visualización de archivos EPUB y documentos protegidos con DRM. El amplio catálogo de títulos que ofrece *Amazon* ha favorecido el desarrollo de programas como "*Kindle* para PC", perfectamente válido para probar la adaptación del arte final a los formatos AZW, MOBI, PDF y HTML, principalmente, en ordenadores personales.

Comparativa de un libro electrónico en dispositivos diferentes, un *e-book* y un *smartphone*

 Definición

DRM

La gestión digital de derechos o DRM es la tecnología que controla el acceso de los usuarios a determinados contenidos y cómo se usan. Tiene como objetivo establecer y preservar los derechos de autor sobre los contenidos digitales administrando su distribución y utilización.

En los sistemas *Linux* y muy especialmente en las plataformas *Android* (tabletas, *smartphones,* etc.), hay muchos programas que pueden servir de visualizadores. Algunos de los mejores programas son *Kindle, FBReader, Moon Reader, Aldiko Book Reader* y *Kobo* (todos estos son gratuitos).

En la mayoría de sistemas operativos hay además aplicaciones que permiten ejecutar de manera virtual otros sistemas, como los referidos anteriormente

Android, *Windows Phone*, *webOS*, etc. Las posibilidades en este sentido son muy amplias, aunque siempre se recomienda "testear" el producto en los propios dispositivos físicos.

Las PDA eran dispositivos electrónicos portátiles diseñados para facilitar tareas como la gestión de contactos, calendarios, tomar notas y acceder a aplicaciones básicas en un formato compacto. Sin embargo, aunque se ha tenido en cuenta en el epígrafe, su concepto no se ha desarrollado puesto que ha caído en desuso en la actualidad. Esto se debe a que la funcionalidad que ofrecían las PDA ha sido ampliamente reemplazada por *smartphones* y tabletas que cumplen funciones similares pero con capacidades mucho mayores y una interfaz mejorada y más intuitiva.

 Actividades

11. ¿Qué factores afectan a la calidad de una pantalla, aparte de su resolución?
12. ¿Qué programa sirve para probar la adaptación del arte final a los formatos AZW, MOBI, PDF y HTML, principalmente?

 Aplicación práctica

Surge en nuestra empresa la idea de adaptar un antiguo proyecto multimedia al formato de libro electrónico. Sin embargo al convertir las pantallas directamente a PDF en color y visualizarlas en el dispositivo "E-Book" Kobo Clara 2E –con pantalla "E-Ink" monocroma-, se ven saltos, los textos aparecen descuadrados y el pase de página es muy lento. Este dispositivo admite además del formato PDF los formatos EPUB, FB2, MOBI, DOC, RTF y TXT.

¿La mala visualización del producto en el dispositivo es normal, o es consecuencia de algún tipo de error? ¿Cómo podría solucionarse?

Continúa en página siguiente >>

<< Viene de página anterior

SOLUCIÓN

En primer lugar debemos saber que en general el formato PDF no es bien "entendido" por los lectores de libros electrónicos, debido a su complejidad. Muchos interpretan mal la información interna de estos ficheros y no ofrecen el mejor resultado en pantalla. Por otro lado, si se ha convertido la información original a un PDF en color y el E-Book utiliza tinta electrónica monocroma, se está haciendo reproducir al dispositivo una cantidad de información (de color) mayor que la que puede realmente reproducir. No estaría de más por otro lado intentar reproducir el mismo archivo en otro dispositivo.

Una solución consiste en adaptar los archivos de imagen del proyecto original a escala de grises, incluyéndolos junto a los textos en un documento original bien estructurado, en formato DOCX, es decir, en formato de Microsoft Word u ODT el formato de LibreOffice Writer. Se establece un tamaño de página con un ancho de 9 cm y 11,7 cm de alto y unos márgenes aproximados de entre 0,3 y 0,5 cm. Se recomienda ajustar los tipos de letra a las usuales que mejor legibilidad ofrezcan, con un tamaño de fuente adecuado e incluir un índice con marcadores. Se prueba este nuevo documento en formato PDF y si sigue dando problemas se exporta a otro formato como EPUB, DOC o RTF.

---

12. Resumen

Desde que en 1949 Ángela Ruiz Robles patentara su "Enciclopedia Mecánica" y Michael Hart ya pensara en 1971 en digitalizar los libros, el formato de libro electrónico, sustituto del libro tradicional no ha parado de evolucionar. Hoy día es una alternativa muy interesante y cada vez con más prestaciones, con pantallas táctiles de gran calidad, conectividad inalámbrica y un amplio conjunto de formatos de archivos soportados, como EPUB, PDF, AZW, HTML, LIT, FB2, etc.

Las aplicaciones que sirven para elaborar y adaptar el arte final multimedia, están enfocadas actualmente a ofrecer soluciones profesionales para distintos tipos de dispositivos digitales. Sin embargo, estos, como los libros electrónicos, agendas personales y tabletas, tienen unas características muy concretas, por lo que es necesario conocer ciertos detalles técnicos para realizar correctamente este proceso, a diferencia de los ordenadores personales sobre los que se pueden desarrollar productos con unas especificaciones más genéricas.

Por otro lado, la propia naturaleza de los lenguajes de marcado establece que es posible diferenciar la información de cómo se presenta. La solución está en el uso de una tecnología basada en HTML, XML, hojas de estilos CSS y XSL, principalmente, que potencian esta idea con características añadidas y un uso más eficaz de las mismas. Permiten transformar la presentación de la información con un formato distinto, en función del dispositivo o plataforma de destino que la vaya a utilizar y hoy día existen muchas posibilidades.

Ejercicios de repaso y autoevaluación

1. Un formato de libro electrónico abierto, sucesor del formato *Open Book*, que permite la adaptación de los contenidos a las características de la pantalla de manera automática, es:

    a. EPUB.
    b. FB2.
    c. LIT.
    d. AZW.

2. ¿Es PDF el mejor formato de documento para libros electrónicos? Razone su respuesta.

    _____
    _____
    _____
    _____
    _____
    _____

3. Un tipo muy frecuente de resolución de pantalla en dispositivos *E-Book* es:

    a. 100 ppp.
    b. 200 ppp.
    c. 167 ppp.
    d. 300 ppp.

4. Defina brevemente qué es DRM.

    _____
    _____
    _____
    _____

5. **Complete los espacios vacíos con las palabras adecuadas.**

En el caso de los libros electrónicos, el _____ es el elemento más importante a la hora de _____ una información, por lo que debe ser correctamente _____ y presentado. Hay que conservar la _____ del mismo como característica esencial en la adaptación del arte final a este tipo de productos, partiendo de documentos editados mediante _____ de texto profesionales.

6. **Relacione los conceptos con sus respectivos nombres.**

   a. Formato multiplataforma orientado a la visualización e impresión de documentos.
   b. Basado en Mobipocket, es el formato propietario de la empresa Amazon para su utilización en los dispositivos Kindle.
   c. Siglas de "formato de texto enriquecido", se trata de un tipo de archivo de texto multiplataforma.
   d. Es un documento de texto plano que guarda la relación entre la información que se desea presentar y las etiquetas o marcas que sirven para establecer los formatos y las propiedades de la misma.

   ___ RTF
   ___ HTML
   ___ PDF
   ___ AZW

7. **Cite cuatro conocidos programas enfocados a la conversión de formatos de archivo.**

   _____

   _____

8. **La creación de contenidos para libros electrónicos y tabletas, debe tener en cuenta las siguientes consideraciones:**

    a. Por regla general, las imágenes para libros electrónicos no tendrán una alta resolución y se guardarán en escala de grises, a no ser que el libro use tinta en color.

       ☐ Verdadero
       ☐ Falso

    b. Hay que determinar si el contenido va a estar ofrecido y estructurado por algún lenguaje de marcas, como PDF y SWF.

       ☐ Verdadero
       ☐ Falso

    c. Se recomienda usar una metodología de trabajo y unos medios técnicos que no separen la información de su estilo de presentación visual.

       ☐ Verdadero
       ☐ Falso

9. **Respecto a las pantallas de *E-Book*, ¿qué otras características marcan la calidad de la visualización?**

    a. El tipo de contraste y el número de colores o escalas de grises.
    b. La frecuencia de refresco.
    c. Que sea capacitiva.
    d. Todas las opciones son incorrectas.

10. **Explique brevemente para qué sirven las hojas de estilo XSL.**

_____

_____

_____

_____

11. **Escriba la propiedad CSS que corresponde a cada una de las funciones referidas en la columna de la izquierda.**

Función	Propiedad CSS
Mediante esta propiedad se establece una imagen de fondo en un documento HTML, en una tabla, en sus filas, columnas o incluso celdas.	
Son las propiedades que establecen el ancho y el alto de un objeto.	
Establecer el espaciado o distancia entre líneas.	
Determina el tamaño de los caracteres. Admite tamaños preestablecidos como *small, medium, large,* o bien mediante un valor numérico sobre una determinada medida.	

12. **Complete los espacios vacíos con las palabras adecuadas.**

La mayoría de los E-Books usan un formato de _____ propio, _____ a las características del _____ -es el caso del formato _____ en los dispositivos Kindle-. Otros fabricantes, Sony por ejemplo, recomiendan el uso de formatos abiertos como _____, válidos y _____ a una gran cantidad de dispositivos.

13. **¿Qué programa puede usarse para probar la adaptación del arte final de los formatos AZW y MOBI en ordenadores personales?**

    a. PC Epub Reader.
    b. Kindle para PC.
    c. Adobe AZW Reader for PC.
    d. Todas las opciones son incorrectas.

14. Explique muy brevemente las ventajas de rapidez, uniformidad, precisión y efectividad en el uso de estilos CSS en documentos web.

_____

_____

_____

_____

_____

_____

_____

15. ¿Qué hace el siguiente código HTML?

```
<head>
<link href="estilos/01.css" rel="stylesheet" type="text/css">
</head>
```

_____

_____

_____

_____

Bibliografía

Monografías

▌ BARELA, A.: *Introducción a la Creación de Páginas Web con HTML, CSS y Javascript.* Michigan: Independently published, 2023.

▌ BOULANGER, T.: *Xml Práctico. Bases Esenciales, Conceptos y Casos Prácticos.* Eni, 2015.

▌ CABRERA, J. D.: *Programación Multimedia y dispositivos móviles.* Madrid: Síntesis, 2020.

▌ CASTRO, E. y GARCÍA Domés, J.: *Creación de E-books en Formato Epub.* Anaya Multimedia, 2012.

▌ CASTRO, E.: *Html con Xhtml y Css: Todo el Código para Crear Sitios Web Efectivos y Originales.* Anaya Multimedia, 2003.

▌ CASTRO Gil, M. A. [et al.]: *Diseño y Desarrollo Multimedia. Sistemas, Imagen, Sonido y Video.* Ma Editorial, 2002.

▌ CELAYA Luna, A.: *Manual Introducción al Desarrollo de Aplicaciones para Android.* Interconsulting Bureau, 2014.

▌ CLEMENTE Bonilla, P.: *Diseño Web Adaptativo.* Anaya Multimedia, 2013.

▌ COLMENAR Santos, A.: *Diseño y Desarrollo Multimedia. Herramientas de Autor.* Ra-Ma, 2005.

❚ NIELSEN, J. y BUDIU, R.: *Usabilidad en Dispositivos Móviles*. Anaya Multimedia, 2013.

❚ VELA Fonruge, M.: *Realización del Arte Final. Técnicas Básicas de Ilustración y Composición para el Grafista Maquetista*. Ideaspropias Editorial, 2006.

❚ VOUILLAMOZ, N.: *Literatura e Hipermedia: La Irrupción de la Literatura Interactiva: Precedentes y Crítica*. Paidós Ibérica, 2000.

Textos electrónicos, bases de datos y programas informáticos

❚ Interesante glosario de términos multimedia, de: <http://ocw.innova.uned.es/mm2/tm/glosario/glosario.htm>.

❚ Sitio de Alfaguara sobre el libro digital, características, formatos, etc., de: <http://www.alfaguara.com/es/ebooks/descubre-libro-digital/>.

❚ Sitio web con información sobre programación web, de: <https://programacion.net/>.

❚ Sitio web de Amazon, con información sobre dispositivos *e-book,* de: <https://www.amazon.es/>.

❚ Sitio web de análisis de tráfico web con estadísticas, de: <https://statcounter.com/>.

❚ Web que ofrece gran cantidad de recursos para la programación web y multimedia, de: <http://www.desarrolloweb.com/>.